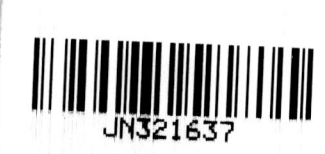

はじめに

みなさんは理科が好きですか？

みなさんの子どもたちはどうでしょうか？

私は理系の人間です。ふだんは、研究を仕事にしています。だからといって、子どもたちに理科を無理強いしようとは思いません。子どもたちには、科学以外にもさまざまな興味がありますし、それはとても大切なことです。そして、世の中にはたくさんの職業があり、子どもたちには、さまざまな将来の道があります。とりたてて、理科ができなければならないということはありません。

しかし…と私は思います。私の身の回りを見渡すと、理科の力がある人は、よく仕事のできる人が多いように思えます。私が言う「理科の力」というのは、理科の成績のことではありません。理科の成績の良い理系の人でも「理科の力」が欠けている人はたくさんいますし、理科が苦手だという文系の人でも、私から見ると「理科の力」があるなぁ、と感心させられることがあります。

理科というのは、不思議な科目です。科学の進歩によって、今日、正しいと信じられて教科書に載っていたことが、あるときから誤りだとされることがあります。科学者によって意見が分かれていて色々な説がある、ということは日常茶飯事です。

理科の知識がある人が、理科の成績は良いかも知れませんが、本当に大切なことは「理科の考え方」を身につけているかということです。理科では、課題を発見し、その課題を解決することが求められます。これは理科に限りません。働く上で、生活する上で、とても大切なことです。私は、理科を学び、「理科力」をつけることは、この「生きる力」を身につけるのに役立つと思うのです。

「文系のお父さんやお母さんでも読めるような、理科の本が作れないでしょうか？」

この本は、そんなお話から始まりました。

私は、たとえ文系に進む子どもたちであっても、「理科の力」を身につけておくことは、将来、役に立つと考えています。そして、子どもの理科力を高める上では、文系のお父さん、お母さんの方が、適しているような気もしていました。それがどうしてかは、本文で紹介することにしましょう。

子どもたちの身の回りには、不思議なことがあふれています。ドキドキ、ワクワクがいっぱいです。そんな不思議に触れることは、きっと子どもたちの「理科の力」を育ててくれるはずです。この本では、40の身近な自然の不思議を紹介しました。けっして理科の知識をつけることが本書の目的ではありません。どこから読んでも構いません。読み飛ばしても構いません。ぜひ、気軽に身近な不思議の世界をのぞいてみてください。本書が、皆さんや皆さんの子どもたちの好奇心の扉を開き、理科力を伸ばすきっかけになれば、うれしく思います。

2013年3月　　稲垣栄洋

もくじ

第1章

子どもたちには「理科力」が必要だ

文系にも理科力は必要だ！

どうして、子どもたちは理科を勉強するのでしょうか？

良い大学へ行くためでしょうか？　理系のほうが、給料が高いからでしょうか？　もし、それだけだとすると、少しさびしい気がします。

あるいは、子どもは文系へ進めるから科学は必要ない、と思う方がいるかもしれません。そうだとすると、それは、あまりにもったいないことです。

人が生きていく上で、理科を勉強することが不可欠だとまでは言いません。しかし、たとえ科学者にならなくても、文系の道に進むにしても、科学を勉強することは、人生で成功するために役に立ちますし、人生を豊かにする役にも立ちます。

なぜなら、理科力は「生きる力」でもあるからです。

科学は「わからないことを、自分の力で解決する力」です。

身の回りの出来事に、「なぜだろう？」という「？」を発見し、「わかった！」という「！」を作り出していく。これこそが科学的思考です。

そのため、**科学する力は文系の方にも、とっても役に立ちます。**

科学で大切なことは

①「どうしてだろう？」と「？」に気が付く。	（課題を発見する力）
②「こうなのではないか」と自分で考える。	（自ら考える力）
③ 自分の考えを確かめる。	（課題を解決する力）

の３つのステップです。

これって、科学以外にも大切な力だとは思いませんか。

たとえば、大人になってお花屋さんで働いているとしましょう。

「最近、花を買う男のお客さんが増えているけれど、なぜだろう？」と、ふと疑問がわいてきました。

このように身近な何気ない現象の中に、「なぜだろう？」「ふしぎだな？」と不思議に気が付くことは、科学的思考の第１歩です。

「デートスポットのレストランでもできたのかな？」
「男の人も癒しを求める時代なのかしら？」
と、「？」の答えを自分で考えてみます。これを科学では「仮説を立てる」と言います。そして、デート用の花束を作ってみたり、癒し効果のあるハーブを店頭に置いてみたりします。こうして、自分の考えを確かめていくのです。

このように、**「？」に気が付き、自分の力で「！」を導いていく。これが科学です。**
科学者にならなくても、どんな仕事につくにしても、科学的思考があると、いろいろと役に立ちます。
ですから、理科が苦手な文系のお母さんやお父さんも、ぜひ、子どもたちの「科学する力」を大切に育ててほしいのです。

●子どもたちは科学の天才だ！

私たちは、子どもたちに、どのように科学を教えれば良いのでしょうか？
そんなことは簡単です。なぜなら、子どもたちはすでに科学的思考を持っているのです。
科学する上で、一番大切なことは「？」の心を持つことです。
ニュートンは、リンゴが落ちるようすを見て重力を発見しました。アルキメデスは、お風呂からあふれるお湯を見て浮力を発見しました。
リンゴが落ちることも、お風呂のお湯があふれるのも、当たり前の風景です、世の天才たちは、誰もがそんな当たり前のことの中に、「？」を見出していたのです。
当たり前のことの中に、「不思議だなぁ」「なぜだろう？」という「？」を見つけることが、もっとも大切な科学の第一歩なのです。

「どうして空は青いんだろう？」
「どうして雨は降るんだろう？」

「どうして葉っぱは緑色なんだろう？」
「風はどこから吹いてくるんだろう？」

子どもたちは、つねにたくさんの「？」を持っています。そして、「これ何？」「どうして？」「なんで？」と、子どもたちは色々な「？」を大人にぶつけてきます。

当たり前のことを疑問に思う。これって、すごい理科の才能です。子どもたちは誰もが科学的センスを持っているのです。

ところが、大人は当たり前のことは、当たり前だと思います。

せっかくの子どもたちの質問に、「そんなこと当たり前だ」「うるさいなぁ」と大人は思ってしまうのです。何だか、もったいないですね。

子どもたちの「？」にどう答えるか？

「これ何？」「どうして？」「なんで？」

子どもたちは、大人にさまざまな質問をしてきます。

子どもたちの難問奇問に答えるのは大変だなぁ、面倒くさいなぁ、と思っている方はいませんか。特に、文系のお母さんやお父さんは、「わからない」というのも悔しいので、「そんなことどうでもいいでしょ」とか「後でね」とごまかしてしまっているかもしれません。

しかし、子どもたちの質問に答えることは、難しいことでも、大変なことでもありません。むしろ、とても楽しいことなのです。
子どもたちの「?」は、みなさんの日々の子育てを、もっと楽しいものにしてくれるはずです。

とはいえ、子どもたちの「?」に対して、大人はどう答えれば良いのでしょうか。
子どもが「このお花はどうして紫色なの?」と聞いてきました。
花が紫色なのは、アントシアニンという紫色の色素を持っているからです。このアントシアニンはpHによって変化します。植物の細胞は中性から弱酸性なので、アントシアニンは紫色に発色するのです。
しかし… と私は考えました。子どもが知りたいのは、本当に花が紫色になるメカニズムなのでしょうか。もし、紫色の色素のことをわかりやすく説明することができれば、子どもは満足するでしょうか。

あるときには、子どもが葉っぱの先についたサッカーボールのような模様をした小さなものを持ってきました。「これ何?」
たまたまその正体を知っていた私は、自慢げに子どもに言いました。
「それはね。ホウネンタワラチビアメバチというハチのまゆだよ」
ところが、さらに説明を加えようとする私を置いて、子どもは「ふーん」とだけ言ったかと思うと、どこかへ行ってしまいました。
そのとき、私は気が付いたのです。

「どうして?」「これ何?」と質問をぶつけてくる子どもたちは、多くの場合、けっして答えを知りたいわけではないのです。
「どうして?」「これ何?」と聞いてくる子どもたちは、「ねぇねぇ、これって不思議でしょ」「ねぇねぇ、おもしろいもの見つけたよ」という発見を伝えに来ているのです。
それでは、「どうして?」と聞いてくる子どもたちに対して、私たちはどう答えればよいのでしょうか。答えは簡単です。**「どうしてだろうね。不思議だね」と答えれば良いのです。**

そして、「これ何？」と聞いてきた子どもたちへの答えはこうです。「何だろうね。面白いもの見つけたね」
そう答えると、子どもたちは満足そうに、次の「？」を探しに出掛けます。やっぱり、子どもたちが、求めていたものは「答え」ではなかったのです。
それに気が付いたとき、私はふっと気持ちが楽になりました。
だって、そうでしょう。どんな質問を持ってこられても、答えを教える必要はないからです。そして、子どもたちが見つけてくる「？」がとても、楽しみになったのです。

大切なことは、「不思議だな」「面白いな」と思った子どもたちの感動に寄りそってあげることです。
ですから、子どもたちが持ってきたものが、どんなにつまらないものだと思っても、まずは、子どもたちの感動に共感することが大切です。
「そんなの当たり前だよ」「それはふつうのタンポポだよ」と言ってしまうと、子どもたちのせっかくの好奇心は、見る見るしぼんでしまうのです。
わからないことがたくさんあるというのは、すばらしいことです。
そう考えてみれば、答えがわからずに、「不思議だな〜」、「どうしてだろう？」と子どもたちの感動に素直に寄りそうことができるという点では、もしかすると**文系のお母さんやお父さんの方が、ずっと優れているかもしれません。**

世の中はわらかないことだらけ

「答えなんてわからなくていい」
そんなことで、理科の力が育つの？　と思うかもしれません。
しかし、考えてみてください。私たちの身の回りは、現代の科学を持ってしてもわからないことだらけです。宇宙の果てがどうなっているのかは誰にもわかりません。海の底のことも誰にもわかりません。それどころか、ミミズやオケラがどのように生き、どうして死ぬのかさえも、まったくわかっていませんし、ちっぽけなありんこが巣の中でどんな暮らしをしているのかもわかりません。たった一枚の葉っぱの中で起こっているできごとさえ、謎に包まれていますし、私たちの体の中で起こっていることさえ、まだまだわからないことばかりです。

世の中はわからないことだらけです。

世界中にはたくさんの科学者がいて、日夜、研究を続けています。それだけ研究してしても、まだ研究しなければならないほど、世の中は、わからないことだらけなのです。

すでに、わかっているつもりになっていることが、くつがえされることもよくあります。

私たちは「水金地火木土天海冥」と惑星を覚えましたが、冥王星は惑星ではないことがわかりました。私の子どものころの絵本には、ジャイアントパンダはアライグマ科だと書かれていましたが、今ではクマ科に分類されています。

世の中、わからないことだらけ。「？」にあふれています。だから世の中はおもしろい。これが科学の世界なのです。

「？」のおもしろさを知った小さな子どもたちは、小学生くらいになると、その答えを知りたくなるときが来るでしょう。そのときも、大人が正しい答えを用意する必要はありません。子どもといっしょに悩みながら答えを考えてみてください。図書館やインターネットなどで、いっしょに調べてみてもいいでしょう。

それでも答えがわからなかったら、そのときは幸運です。

本でもインターネットでも解き明かせなかった「？」を発見した子どもたちは、科学への好奇心を益々、大きくしていくはずなのです。

私が小学生のころに読んだ科学の本の中にこんなことが書いてありました。

「それは残念だけれど、今の君たちに説明するのは難しい。だけど、興味を持って勉強をし続けたら、きっとわかる日が来るよ」

子どもの頃、読んだ本など、ほとんど忘れてしまいましたが、私がこの一節だけは妙に心に残っていました。そして、高校生の理科の授業を受けていて、その本に書いてあったことがわかったとき、私は言いしれぬ感動を覚えたのです。

「わからないことが面白い」「わからないことがわかる感動」これが科学の醍醐味です。

それは、推理小説を読むのとよく似ています。わからないことに対して、簡単に答えがわかってしまったら、そこに面白さはないのです。

「？」を「！」に変える

「わからないことが面白い」これが科学の第一歩です。しかし、わからないことに満足していては、単なる不思議好きで終わってしまいます。

「なぜだろう？」という「？」に対して、自分なりに考えてみる。これが科学の次のステップです。

「どうして？」「これ何？」と質問をぶつけてくる子どもたちに対しては、「不思議だねぇ」「面白いねぇ」と、子どもたちの「？」に寄りそってほしいとお話しました。

そして、次に子どもたちにこう投げかけて欲しいのです。

「どうしてだと思う？」「何だと思う？」

すると、子どもたちは自分なりに答えを探し始めます。そして、「わかった !!」と答えを見つけます。もちろん、子どもたちが自分の頭で考えた答えは、間違っていても構いませんし、科学的でなくても構いません。**自分の頭で考える、ということが大切なのです。**

「こうなのではないか」と自分の頭で考えた答えは、科学では「仮説」と言います。この仮説を立てる習慣がとても大切なのです。

8ページでは、お花屋さんの例を考えました。

まず、男のお客さんが増えているのはなぜだろう？　と「？」に気付くことが最初の一歩でした。しかし、「なぜだろう？」という疑問に対して「こうではないか」と考えることが成功につながるのです。**これが仮説を立てる力です。**

そして、「？」に対する仮説が正しいかどうか、色々と試してみることが大切です。

「？」に気付き、仮説を立て、検証する。

こう書くと、科学的思考というのは、やはり大変な作業なのだと、文系のお母さんやお父さんは思うかもしれません。

しかし、子どもたちのようすを、よく見てみてください。子どもたちはすでに、この科学的思考を毎日、繰り返しています。

子どもたちが持つ理科力

よく見ていると、子どもたちは常にトライを繰り返しています。

たとえば、紙飛行機で遊んでいるようすを見ると、子どもたちはさまざまな飛行機を作ります。

「もっと遠くへ飛ばすにはどうしたら良いだろう？」という疑問を持って、羽を大きくしてみたり、先端を重くしてみたり、さまざまなことを試してみるのです。

お砂場で遊んでいるようすを見てもそうです。水を流したらどうなるだろう？　穴を掘ったらどうなるだろう？　とさまざまな「？」に対する答えを次々に試していきます。そして、そんな作業を繰り返しながら、泥んこになっているのです。

お風呂で遊んでいるようすを見てもそうです。いつまでも飽きずに、お風呂のお湯をくんだりこぼしたりを繰り返しています。お湯が流れたり、こぼれたり、泡を立てたりするのが不思議でしょうがないのです。面白くてしょうがないのです。そして、のぼせるまでお風呂に入っているのです。

科学を教えなければならない、と大人が気負う必要はありません。まさに、子どもたちの遊びの中には、すでに「科学」があるのです。

大切なことは、子どもたちの中にある「科学する力」を育ててあげることなのです。それは、難しいことではありません。文系のお母さんやお父さんでも、できることです。

「理科力」は「生きる力」

自分で問題を発見し、自分で答えを見つける。これが、科学する力です。

ところが、現在の学校では、往々にして子どもたちには答えを与えられます。そして、その答えをすばやく覚えることのできる子どもが、成績が良くなるのです。

与えられた答えを、使うことも大切なことです。

たとえば、円周率は 3.14 ですが、子どもたちが円周率を自分で導き出すことは簡単ではありません。また、地球は太陽の周りを回っていますが、子どもたちが、この真実を自分で発見することも簡単ではありません。過去の科学者たちが、研究を重ねて発見した真理や定理は、そのまま覚える方が良いのです。

しかし、過去の科学者たちが明らかにした「知識」を知っているだけでは、それは宝の持ち腐れです。

「知識」は問題を解くために必要な道具です。大人になれば、誰も答えを与えてくれません。答えどころか、問題さえ与えてくれません。知識を使って自分の力で考える力が必要とされるのです。答えを与えられることしか知らない子どもたちは、果たして大人になったときに、振りかかるさまざまな困難を乗り越えることができるでしょうか。

どうも今の子どもたちは、答えを与えられることに慣れすぎているようです。

夏休みの終わりごろになると、私のところには、子どもたちからの電話が掛かってきます。夏休みの宿題の自由研究に取り組んでいるようです。たとえ間違っていても、自分の頭で自分なりに考えた方が、ずっと良い研究になると思いますし、図書館などの本で調べれば、すぐにわかりそうなことだったりするのに、自分の頭や手足を使うことなく、答えを求めて簡単に電話をしてきてしまうのです。

理科力は、自ら問題を発見し、答えを見つける力です。

古代ギリシャの学者アルキメデスは、お風呂でアルキメデスの原理を発見したとき、「ヘウレーカ、ヘウレーカ（分かったぞ)」と叫びながら、町へ飛び出したと伝えられています。
　自分の頭で考えて答えにたどりつくのには時間が掛かります。しかし、時間を掛けて自分で見つけた答えには感激と感動があります。そして、時間を掛けて自分で見つけた答えは忘れません。
　もちろん、子どもたちが自分の頭で考えて、真理にたどりつくことは難しいでしょう。しかし、簡単に答えを与えられるよりも、間違っていても自分の頭で考える訓練が大切なのです。

「理科」につまずく子ほど、「理科力」を持っている

　理科が苦手な子は、少なくありません。子どもたちの理科離れが進んでいると言います。
　しかし、これまで紹介してきたように、すべての子どもたちは理科のセンスにあふれています。「なぜだろう？」と不思議に思うことは楽しいし、自分の頭で考えることは楽しいことです。
　それなのに、どうして子どもたちはみんな理科が嫌いになってしまうのでしょうか。
　覚えるのが苦手なのかもしれません。実験が苦手なのかもしれません、理科のテストで良い点数が取れないからなのかもしれません。しかし、理科の成績が悪いからといって、理科力がないと決めつけてしまっていませんか？
　たとえ、子どもたちが学校の理科が得意でなくても、理科のセンスは大切に育ててあげてほしいものです。なぜなら、**問題を見つけ、解決する理科の力は、生きる力でもあるのです。**
　また、時として理系のセンスがある子ほど、理科や算数の授業でつまずきます。
　分数の割り算は、ひっくり返して掛け算します。「どうして分数の割り算はひっくり返すのだろう」などと考えだすと、分数の割り算なんかできません。「ひっくり返して掛ける」と覚えてしまうことが大切です。
　ところが分数の割り算でつまずく子どもは、「1つのリンゴを3分の1で分けるってどういうこと」と考えて、悩んでしまうのです。これでは、分数

の計算はできるようになりません。
　しかし、つまずいた子は、「？」を見つけて、自分の頭で考えようとしているのです。もし将来、偉大な数学者になる子どもがいるとしたら、どちらの子どもでしょうか。先生に教わったとおりに分数の割り算で満点を取る子でしょうか。分数の割り算の不思議に悩んでしまう子でしょうか。
　残念ながら偉大な数学者たちが考えた数学の定理に、自分の頭でたどりつくことは至難の業です。しかし、疑問を持ち自分の頭で考えようとしている子どもの理科的センスは、評価して褒めてあげたいのです。
　理科の授業につまずいたあなたの子どもは、もしかすると理系のセンスのかたまりなのかもしれません。

エジソンも「どうして1+1=2になるのか？」と聞いて、屁理屈を言うなと先生を怒らせた。

自然体験は、最高の教材だ

子どもたちは、日常生活の中で、さまざまな「？」を見つけてきます。

しかし、理科力をつけるためには、子どもたちが「？」を発見しやすい環境を与えてあげることも大切でしょう。

「？」を発見しやすい環境とは、どのような環境でしょうか。それは、けっして学習塾ではありません。それこそが「自然」です。

自然の中には、たくさんの「不思議」や「感動」があります。

私の子どもが小さいとき、公園の砂場で遊んでいるようすを見ていると、しばらくするとお砂遊びに飽きて、すべり台へ行ったり、ブランコへ行ったりしてしまいました。ところが、畑のすみで、遊ばせてみると、いつまでもいつまでも木の枝で土を掘って遊んでいました。土を掘っていると石が出てきたり、草の根っこが出てきたりします。アリの巣の穴があったり、小さな虫が出てきたりします。まさに土を掘っていると、予測不能なさまざまなものが出てきます。それが面白くて、いつまでも土を掘っていたのです。

自然にあるものは、子どもたちにとって刺激にあふれています。

それに比べて人工的なものは、人間が作り出したものです。やはり人間が作り出した家の中よりも、自然の中の方が、子どもたちにとっては不思議や感動が、見つけやすいようです。

自然が大事だからと言って、必ずしも大自然の中にキャンプに出掛けなければいけないわけではありません。家の近くの公園で遊ぶだけでもいいし、近所をお散歩するだけでもいいでしょう。大人には自然がないように見えても、家の外に出てみれば、小さな花が咲いていたり、木々の緑が輝いていたり、虫が歩いていたり、風がさわやかだったりします。子どもたちにとっては、さまざまな自然の発見があるのです。

子どもたちを育てる自然の力

自然に触れることは、理科力を高めるためだけではありません。

けっして理系に進まなくても、私はすべての子どもたちにとって、自然に触れることが大切だと考えています。

昆虫は卵から生まれると、すぐに餌を食べて生きていくことができます。これは、あらゆる行動が本能として、プログラミングされているからです。

ところが、人間を含む哺乳類は、生まれたばかりの赤ちゃんは何もすることができません。これは何のプログラムもなく、ＯＳ（オペレーティングシステム）だけのコンピュータに似ています。そして、さまざまな情報を入れながら、生きるためのプログラムを作り上げていくのです。

本能というプログラムは、何もしなくても生きていく力を備えていますが、思いがけない事態に遭遇した時に、適切に対処することができません。ところが哺乳類は、さまざまな情報を元に状況を分析して行動します。そのため、さまざまな事態に対応することができるのです。

そんなプログラムを作るために哺乳類の子どもたちは、さまざまな情報をインプットする必要があるのです。

残念ながら、人間もまた生物の一員に過ぎません。人間の脳が成長するためにインプットされるべき情報は、やはり自然なのではないでしょうか。自然の中の物を見たり、聞いたり、触ったり、五感を使って遊ぶことが、大切なように思えます。

自然体験は、どんな子どもたちにとっても必要な体験です。子どもたちを自然に触れさせることは、けっして植物学者や昆虫学者を育てるためではないのです。

子どもたちの理科力を磨く魔法の言葉

科学で大切なことは、

①「どうしてだろう？」と「？」に気が付く。	（課題を発見する力）
②「こうなのではないか」と自分で考える。	（自ら考える力）
③ 確かめる。	（問題を解決する力）

の３つのステップだと紹介しました。

そして、この３つのステップは子どもたちの中にすでにあることも紹介しました。
それでは、この子どもたちの理科的センスを育てるために、大人たちはどうすれば良いのでしょうか。今まで紹介した内容を復習してみましょう。
科学にとって一番、大切なことは「？」に気が付くことです。当たり前だと決めつけてしまったり、わかったつもりになってしまったり、ボーッと何気なく眺めているだけでは、何も始まりません。
もし、子どもが「なぜ？」「どうして？」という質問を持ってきたとしたら、それは、それだけですばらしいことです。
「どうして？」という問いに対して、大人がすべき答えは、「どうしてだろうねぇ、不思議だねぇ」と「？」に寄りそうことです。
そして、子どもたちに「？」に対して、次に大人が用意すべき答えも簡単です。
「どうしてだと思う？」
この言葉が、子どもたちの自分で考える力を育てるのです。

最後に　子どもの理科力を伸ばすために大人がするべきこと

そして、もう１つ、子どもの「科学する力」を伸ばすために必要なことがあります。
それは、お母さん、お父さんの心のゆとりです。
子どもたちは、たくさんの「？」を持ってきます。それはほとんどの場合、大人にとっては、当たり前のことばかりだったり、つまらないことだったり、説明するのが面倒くさいことだったりします。そんな子どもたちの「？」に、根気よく付き合ってあげることができるでしょうか。
いつもいつもでなくても構いません。家事に忙しいときや、時間のないときもあるでしょう。しかし、時には、子どもたちの「科学する力」を楽しむ心のゆとりがほしいのです。
子どもが道ばたに咲いている野の花を摘んできます。「どうして、こんな雑草を摘んできたの？」と言いたくなってしまいます。しかし、子どもは、小さな野の花が「きれいだな」と気づき、感動して摘んできたのです。その感動をお母さんやお父さんに伝えたくて摘んできたのです。「きれいな花だね。どこに咲いていたの？」と、その感動に寄りそい、水に挿してあげてください。きっと、身の回りの小さな自然に対する子どもの関心はグッと高まるはずです。

散歩の途中で子どもが、しゃがみ込んでアリの行列を眺めています。いくつもいくつも小石を川に放り投げています。「何をしているの。置いていくよ」と怒りたくなるのをグッとこらえて、じっと待ってあげてください。このときこそが、まさに、子どもたちの中で科学の芽が芽生えているときなのです。

子どもたちの科学する力は、科学の本を読んでいるときに育つわけではありません。子どもたちの科学する力がグッと育つとき、それは大人にとっては、面倒くさいときであることが多いのです。それを待つことができるかどうか。間違いなく、そんな心の余裕が子どもたちの理科力を育てます。大切なのは、待ってあげることなのです。

どうでしょうか。子どもたちの「理科力」を育てるのに、お母さんやお父さんが理系である必要なんてありません。理系か文系かなんて一切関係ないのです。

この本の使い方

この本は、大人の皆さんが子どもたちと理科を楽しむための本です。

すでに紹介したように、子どもたちの質問に対して、正しい答えを用意する必要はありません。「どうしてだろう？」と子どもたちといっしょに不思議を楽しんであげてほしいのです。

しかし、答えがわかるということも楽しいものです。答えがわかるとまた、新たな疑問や不思議が次々に湧いてきます。山に登れば登るほど、どんどん新しい景色が見えてくるように、不思議に対する「謎」が溶けると、また新たな不思議が見えてくるのです。こうして次々に謎が現れてくる。これが、科学の面白いところです。

そこで、最初の一歩として、第２章以降では、子どもたちがよく質問してくる「？」に対する答えを、できるだけやさしく解説してみました。
もちろん、大人の皆さんが、子どもたちにこの答えを教えなければならないということはありませんし、子どもたちが、この答えを理解する必要はありません。
しかし、子どもたちといっしょに不思議を楽しむヒントにしてほしいのです。

さあ、子どもたちといっしょに、「？」にあふれた科学の世界を楽しんでみることにしましょう。子どもたちに「理科」を教えなければならないと肩肘を張るひつようはありません。お母さんも、お父さんにとっては、**科学的センスにあふれた質問を投げかけてくれる子どもたちこそが、むしろ理科の楽しさを教えてくれる先生なのです。**

第2章

お風呂で科学する

洗面器で水を持ちあげても水がこぼれないのはなぜ？

空っぽにならないように水が満たそうとするからです。

我が家の子どもたちは、お風呂で遊ぶのが大好きでした。「水」というのは、子どもたちにとっては、よほど面白いもののようです。水を汲んだり、こぼしたり。いつまでもいつまでも遊んでいます。

２人の子どもを順番にお風呂に入れると、私はすっかりのぼせてしまうというのが毎日の日課でした。しかし、毎日毎日遊んでいても、子どもはまったく飽きるようすを見せないから大したものです。

それだけではありません。「お風呂」は理科を学ぶのに、とても素敵な実験室でもあるのです。

不思議な水のプリン

お風呂の中で洗面器を沈めて空気を抜き、伏せたまま持ちあげると、水面より上まで水が持ち上がります。洗面器の中に手を入れてみると、水面より上にある洗面器の中が水で満たされているのです。まるで水で作ったプリンのようです。

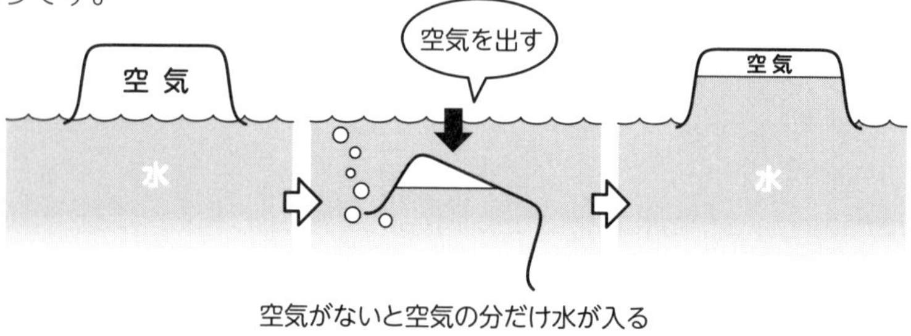

どうして、水面より上まで水が上がってくるのでしょうか。

洗面器では、中のようすがわからないので、ペットボトルで同じようにやってみると、水面に持ちあげたペットボトルの中に水が入っていることがわかると思います。

どうして、水面の上まで水が上がってくるのでしょうか。とても不思議です。

空気って何？

この理由を知るためには、まず、空気の存在を知る必要があります。

目には見えなくても、私たちのまわりには空気があります。

息を大きく吸うと、風が口の中に入ってきます。これが空気です。息を大きく吐くと、風が体の中から出ていきます。これも空気が出ていくのです。空気を風船の中に吹きこむと、風船がふくらみます。風船の中には空気が入っているのです。

空気をつかまえろ

お風呂の上でタオルの中に空気を閉じ込めると、空気のドームができます。

そーっとタオルを包みこんで風船のようにして、水の中に沈めます。そして、ギュッとつかむと、タオルの網目からジュワ〜と、泡が出てきます。これが空気です。

タオルでドーム

何もないように見えてもそこには空気があります。

空《カラ》に見える洗面器には空気が入っています。洗面器の中に空気を入れて、うつぶせにして水の中に沈めると、水のプリンとは逆に、水の中に空気の部屋ができます。洗面器の中に船を浮かべておけば、水の中に押し込んでも船も浮かんだままです。

ふつうの状態では、洗面器の中には水か空気が必ず入っているのです。

ストローで水を飲むのと同じしくみ

ストローで水を飲むときにも、水面より上まで水が上がってきます。まずは、ストローが水を上げるしくみを考えてみましょう。

ストローを吸うと、ストローの中の空気がなくなります。するとなくなった空気に引っ張られて水が上がっていくのです。空気がなくなると、その代わりに水が満たしていきます。

洗面器をひっくり返しただけでは、洗面器の中には空気が入っています。

空気を抜いて作った水のプリンの洗面器の中には、空気がありません。そのため、空気の代わりに、水面の上まで、水が満たされるのです。

水のプリンを持ちあげて、洗面器が水の上に出てしまうと、水は全部下に落ちてしまいます。これは洗面器の中に空気が入ってくるのです。

でも、空気がなくなると、その分だけ水が入ってくるというのも、何だか不思議です。

そのしくみについては、109 ページの「どうして山の上ではお菓子の袋がふくらむの？」で、もう少しくわしく考えてみることにしましょう。

どうしてコップの水はあふれないの？

水には、まとまろうとする力があるからです。

コップに水をいっぱいに入れると、水面がもりあがります。どうして、水はこぼれないのでしょうか。

この実験は、キッチンでもできますが、水がこぼれてもいいようにお風呂にうがい用のプラスチックのコップなどを持ちこんでやってみましょう。

◎水のくっつく力

お風呂で手のひらを水面につけると、ペタペタとくっついてくる感じがします。

水は引っ張り合う性質があります。そのため、手のひらについた水と、水面の水が引っ張り合うのです。これを「表面張力」と言います。

水は、丸い水玉になります。当たり前のように思えますが、これも水が引っ張り合ってまとまろうとするので玉になるのです。もし、表面張力がなければ、水は薄く平らに広がるはずです。

コップの水がもりあがるのも、水玉ができるのと同じ理由です。水が引っ張り合うことによって、水がこぼれないのです。

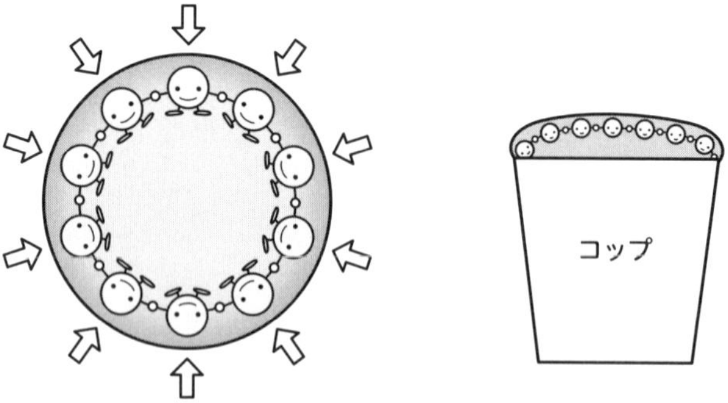

洗剤で汚れが落ちる理由

洗剤には、水の表面張力をなくす働きがあります。そのため、水玉ができなくなり、ぬれやすくなります。そのため、水が繊維の奥まで入っていって汚れを落とすことができるのです。

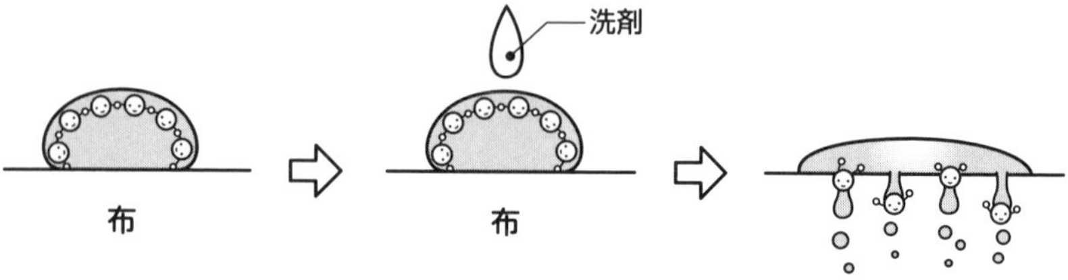

実験

表面張力の状態で１円玉を浮かべると、外側へ動いていきます。盛り上がった水は外側に引っ張られているのです。

逆に水が少ないときは、真ん中の水が引っ張るので、凹の形にへこみます。このときに、１円玉を浮かべると、真ん中に動いていきます。水が真ん中に引っ張られているのです。

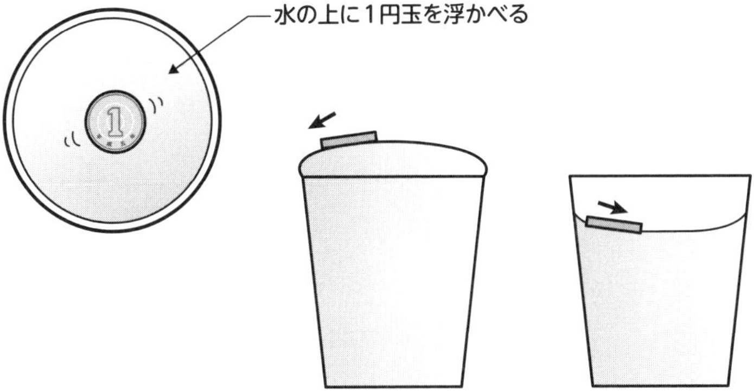

船はどうして浮かぶの？

水に浮かぶには、重さだけではなく、形が大切なのです。

木の舟は水に浮かびます。木は水よりも軽いからです。

ところが、鉄でできている船も水に浮かびます。鉄は水よりも重たいはずなのに、どうして浮かぶのでしょうか。とっても不思議です。

洗面器を沈めてみよう

洗面器をお風呂に浮かべると、水に浮かびます。

洗面器をお風呂に沈めようとすると、押し返されます。これは洗面器に押しのけられた水が、元に戻ろうとして押し返しているのです。洗面器を押し沈めるには、その分だけの水の重さを押しのける力が必要です。

水は、押し沈められた分だけ押し返してきます。この押し返してきた力を浮く力という意味で「浮力」と言います。押しのけた水の重さの分だけ、浮かぶ力が働くのです。

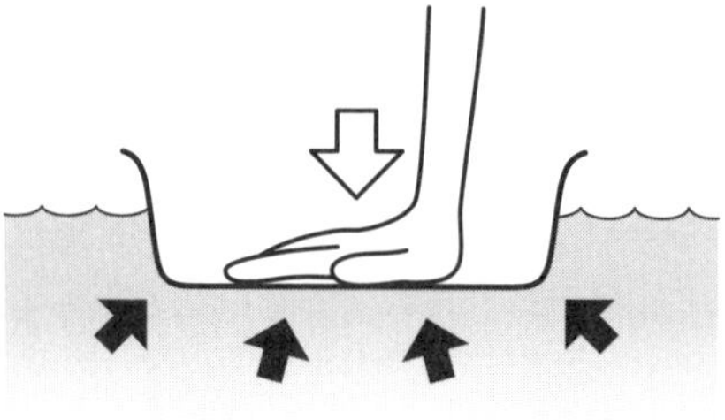

洗面器を沈めると押し返される

茶碗を浮かべてみよう

茶碗をそっと横向きに入れると茶碗は沈みます。茶碗の方が水よりも重たいのです。

ところが、茶碗を上向きにそっと浮かべると茶碗は浮かびます。茶碗はごはんを入れるために大きく空洞が空いた器になっています。水に浮かべると、この空洞の部分も水を押しのけます。そのため、浮く力が大きくなって、水より重たい茶碗を水の上に浮かべてしまうのです。そのため、茶碗に水を入れて空洞をなくすと、茶碗は沈んでしまいます。

押しのける水の量が多いと、浮かぶ力も強くなります。

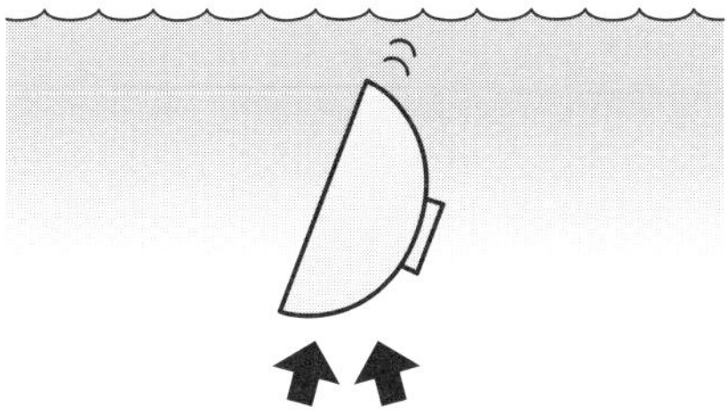

茶碗を横にすると沈んでしまう。

鉄の玉は沈んでしまう。

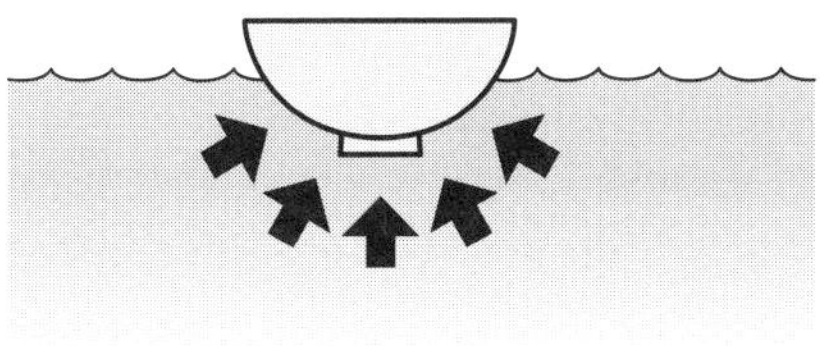

上向きにすると浮かぶ。
空洞部分の押しのける水の量で
押し返される力が強くなる。

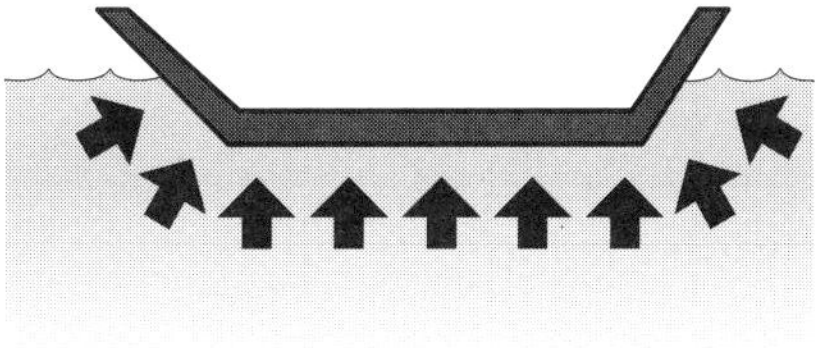

鉄を船の形にすると
押しのける水の量が
多くなる。

※水に浮かぶためには重さだけではなく形が大切です。形によって、水を押しのける力は変わります。どんな形が浮かびやすいか、茶碗やお皿、タッパーなどさまざまな食器や容れ物で試してみましょう。

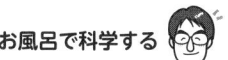

小さなおもちゃのバケツと、大きな洗面器で、どちらが押し返される力が強いか試してみましょう。大きな洗面器の方が、力が要るのがわかります。

大きな船になればなるほど、浮かぶ力が強くなります。そのため大きな鉄の船が水に浮かぶことができるのです。

お風呂の中では体が軽くなり、片手で体を持ち上げることができる。
この法則は、アルキメデスがお風呂に入っていて発見した。

水中にある物体は、それと同じ体積の水の分だけ軽くなる。

鏡はどうして左右が逆になるの

鏡でなくても、向かい合わせの人とは右と左が逆になります。

「不思議の国のアリス」には、続編の「鏡の国のアリス」があります。鏡を通り抜けた向こう側の鏡の国では、文字も逆です。

鏡の国では、すべて左右が反対になってしまうのです。どうして鏡は左右を逆にしてしまうのでしょうか。

どうして左右が逆になるの？

右手を挙げると、鏡に映った自分は左手を挙げます。

鏡の中の世界では左右が逆になります。しかし、上下は逆になりません。

どうして、上下は逆にならないのに、左右だけ逆になるのでしょうか。

上と下を間違える人はいません。

ところが、小さい子どもは、右手や左手をよく間違えます。「お箸を持つ手が右手、お茶碗を持つ手が左手」と言っても、お箸をどちらで持つのか、悩みこんでしまったりします。右手と左手は人間が決めたルールなのです。

「右」と「左」は人間が作ったルール。
らせん階段は同じ階段で、右回りか左回りかは、
上りと下りで変わってしまう。

鏡は前後を逆にする

上と下は、どこの場所でも同じです。同じように横方向も方角のように変わらないもので考えてみます。すると、南側の手を挙げれば、鏡の中の自分も南側の手を挙げます。

ところが、右と左は見る方向によって変わります。自分にとっての右側は、向かい合っている人にとっては左側になります。

鏡は右と左が逆になるわけではなく、前と後が逆になります。たとえば、東を向いて鏡をのぞけば、鏡の中の自分は西側を向いていることになります。

つまり、自分と向かい合わせの人と同じになるのです。自分と向かい合わせの人とでは、同じ方角の手を挙げても右と左が逆になります。そのため、右と左が逆になるのです。

前向きか後ろ向きがわからない影では右手か左手かわからない。

鏡はどうして映るの

光をまっすぐにはね返す性質があるからです。

鏡はさまざまなところに使われています。

道路の曲がり角にはカーブミラーがあります。バックミラーやドアミラーなど、車のまわりが見えるように自動車にもさまざまな鏡が使われています。大きなバスにはもっとたくさんの鏡が使われています。エレベーターの中にある鏡は、車いすの人がバックで出るのに便利なようにつけられています。

お風呂には大きな鏡があります。シャンプー頭で鉄腕アトムにしてみたり、お風呂では鏡も遊び道具の一つです。

しかし、鏡は本当に不思議です。光を反射し、姿を映し出す鏡は、昔は神聖なものと考えられていました。今でも神社の一番奥には、鏡が祀られています。

それにしても、鏡はどうして映るのでしょうか。

光が届くと見える

物が見えるということは、目に光が届くということです。そのため、光のない暗いところでは何も見ることができません。

明るいところでは、物に当たって反射した光が目に届きます。

光はさまざまな色の光が集まった束のようになっています。光の束が、リンゴに当たると、ほとんどの光は吸収されて消えてしまいますが、赤い光だけを反射します。そのため、赤い光だけが届いて赤く見えるのです。

黄色いレモンは黄色い光を反射していますし、緑色の葉っぱは緑色の光を反射しているのです。

鏡の秘密はつるつるにあり

　赤い光を反射するものは赤く見えます。黄色い色を反射するものは黄色く見えます。しかし、鏡には色はありません。じつは、鏡はすべての光を反射するのです。

　しかも、物の表面はデコボコしているので、光が物に当たって反射するときには、さまざまな方向に分散していきます。ところが、鏡は完全にツルツルなので、光は一つの方向に跳ね返されます。そのため、鏡に反射する前と同じ光をそのまま見ることができるのです。

スプーンに鏡を映してみると

スプーンに顔を映してみましょう。顔がさかさまに見えます。どうして、スプーンでは、さかさまに見えるのでしょうか。

スプーンは、表面が平らではなく、内側に丸く曲がっています。そのため、上から来た光は跳ね返って下に行きます。逆に下から来た光は跳ね返って上にいきます。

同じように右側から来た光は跳ね返って左に行きます。そして左側から来た光は跳ね返って右に行きます。そのため、スプーンから跳ね返ってくる光は、すべて反対側に見えるのです。

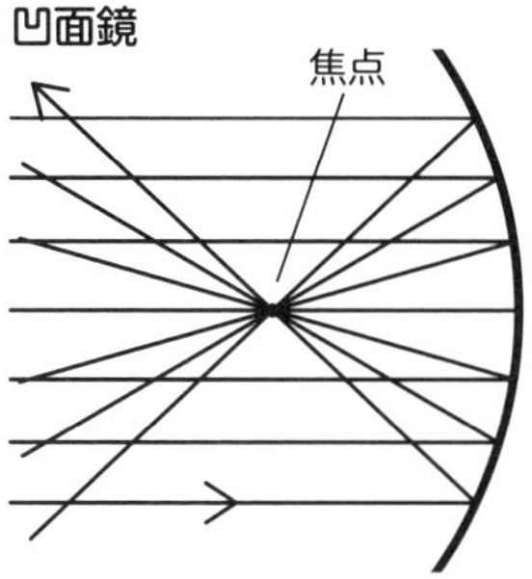

夜の窓ガラスは鏡になる

夜、窓ガラスを見ると、鏡のように自分の姿が映ります。

ガラスはツルツルなので光を反射します。ところが、ガラスは光を通す性質があります。そのため、反射する光よりも、外から入ってくる光が強すぎて、外側の風景が見えるのです。

夜になると、外が暗くなり、外から入ってくる光がなくなります。そして、反射する光だけが見えるようになります。そして、鏡のように映って見えるのです。

朝
外からの
光の方が
強い
ガラスが
光を反射
するけど
夜
ガラスが
光を反射
する
鏡
銀
裏面の銀が
ほぼ100%
光を反射
する

子は親の鏡

子どもの頃、母親の鏡台で自分の姿をまじまじと見ていると、何だか怖いような面白いような不思議な気持ちになりました。そんな不思議な自分の姿が映る鏡というのは、よくよく考えてみると本当に不思議です。

鏡はありとあらゆるものを映し、光を跳ね返します。

昔から鏡は神聖なものとされてきました。古代の遺跡からは銅鏡がたくさん発見されてます。今は古めかしい銅鏡も、昔はピカピカの鏡だったのです。

神社の拝殿から奥を見ると、鏡が配してあります。神社でも鏡は神聖なものと扱われているのです。西洋ではドラキュラが鏡に映らないとか、合わせ鏡をすると悪魔が現れると言った伝説もありました。

鏡といえば、「子は親の鏡」という言葉もありました。

子どもたちは、親のしぐさや口癖をそっくりそのままマネをしてドキリとされられることがあります。子どもは親を手本にして育ちます。本当に鏡というのは不思議で、そして怖いものです。

第3章

空を見上げて科学する

虹はどうしてできるの？

太陽の光が水玉に当たると、虹の７色に分かれるのです。

雨が上がって、お日さまが射すと、空には虹が現れます。雨上がりの空に出現する虹って、大人が見ても本当に不思議です。

鮮やかなレインボー色は、本当におとぎの国の世界さながらです。虹の向こうには何があるんだろう、と子どもたちは遠い場所に思いを馳せます。

子どもたちの絵本では、虹のかけはしを渡っていく絵もよく描かれています。昔の人は、天に現れる虹は、龍のような幻の生き物だと考えていました。だから「虹」という漢字は虫偏がつくのです。

ところが忙しい大人は空を見ることが少ないので、せっかく虹が出ていても気づかない人が意外に多いのです。雨上がりには空を見上げて虹を探してみましょう。虹は決まって太陽の出ている反対側に現れます。

虹は何色？

虹の７色は外側から「赤色、橙色、黄色、緑色、青色、藍色、紫色」の順番に並んでいます。ところが、欧米では虹は７色ではなく、６色と言います。よく見るとはっきりと７色になっているわけではなく、赤色から紫色までだんだんと色が変化していることがわかります。

虹はどうしてできるの？

赤い光と青い光と黄色い光を合わせると何色になるでしょうか？

３つの色の絵の具を混ぜると真っ黒になってしまいますが、光の場合は３つの色を合わせると白い光になります。

太陽の光は白い光ですが、反対に太陽の光をさまざまな色に分けることができます。太陽の光はさまざまな色の光が束のようになっています。それぞれの色の光は、波のように進みますが、色によって進み方が違います。赤色に近づくほど波長が長くゆるやかな波をしているのに対して、紫色に近づくほど波長が短く細かな波をしています。

光は水滴にぶつかると、水の中を通るときに、曲がってしまいます。波長の長い赤い色は曲がりにくいのに対して、波長の短い紫色は水の影響を受けて曲がりやすくなります。

そのため太陽の光は、水滴に当たるとさまざまな色に分かれてしまうのです。こうして、できるのが虹です。

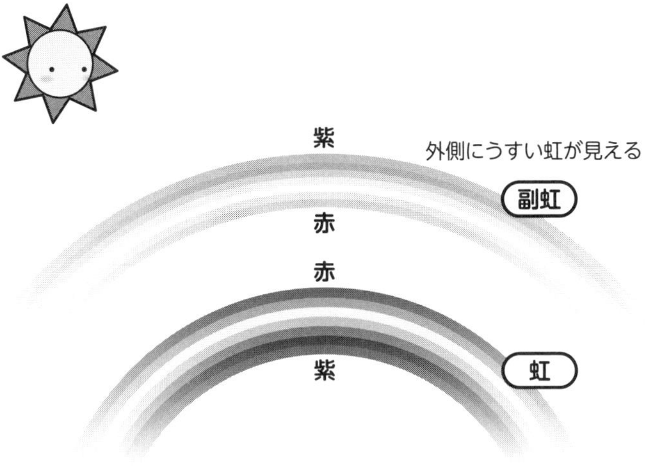

虹は外側が赤色、その外側にできる副虹は内側が赤色。

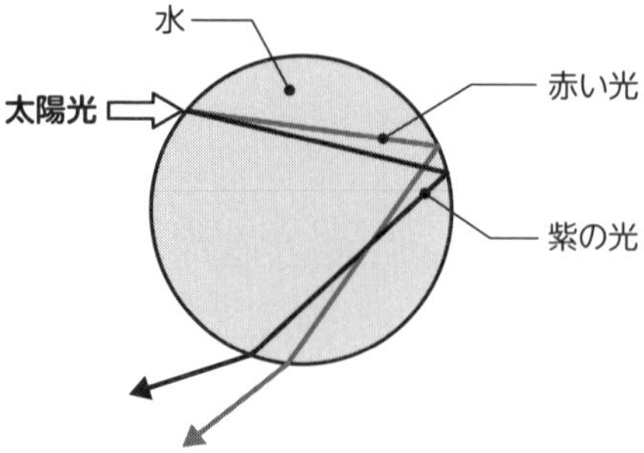

水に触れると太陽の光が分かれる。

実験　虹を作ってみよう

庭のお花にじょうろで水をやるときに、じょうろから出る水に、太陽の光が当たると光が分かれて虹が現れます。

空はどうして青いの？

太陽の光が空気のつぶに当たって、青くはじけるのです。

最近、空を見上げたことがありますか？

毎日、毎日忙しくて、空を仰ぐという素朴な体験さえも、遠ざかってはいないでしょうか。子どもといっしょに空を見上げてみましょう。芝生に寝転んで手足を投げ出して空を仰ぐのもいいですね。

流れる白い雲、降り注ぐ太陽、そしてどこまでも透き通る青い空。ふだんは当たり前のことが、なんだかとても不思議なことのように感じられます。

どうして空は青いの？

太陽がない夜には空は真っ暗です。空の色は太陽の光によって色づきます。

もしも空気がなかったら、太陽の光はそのまま地上に届き、見上げた空には黒い色をした宇宙空間が広がっているはずです。空の色は、太陽の光が空気の中を通るときにできるのです。

太陽の光は空気の中の窒素や酸素の分子のつぶにぶつかって、さまざまな方向に散乱します。虹のところで紹介したように（42 ページ）、太陽の光はさまざまな色の光が集まっていますが、光の波長によって散乱のしかたが違います。波長の短い青色や紫色の光の方が散乱しやすいのです。ところが一番、波長が短い紫色は散乱しすぎで目に入るまでに光が減ってしまいます。そのため、散乱した青い光が目に届き、空が青く見えるのです。

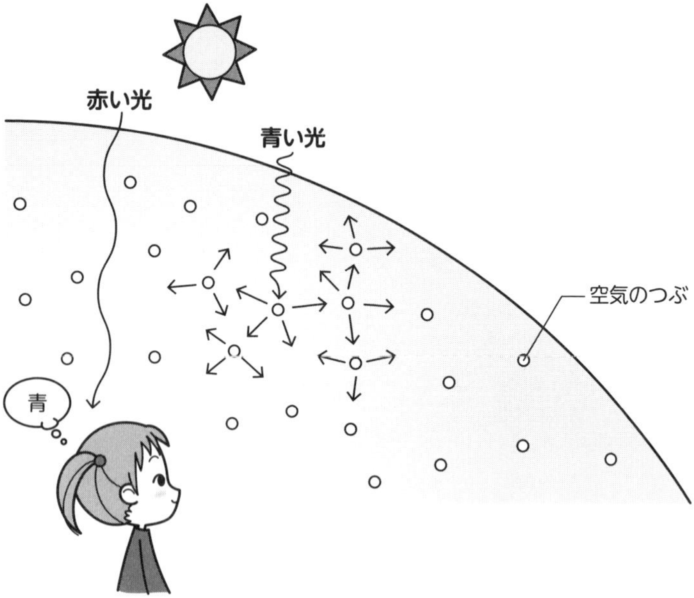

波長の長い赤い光は空気のつぶを通り抜ける。
波長の短い青い光は空気のつぶにぶつかりやすいので散乱する。

夕焼けはどうして赤いの？

斜めから差し込む太陽の光は、赤い光だけが届くのです。

空が真っ赤に染まっていく夕焼け。とってもきれいです。子どもといっしょにそんな夕焼け空を眺めてみませんか？

夕焼けは空の色が刻々と変化していって、とても不思議です。

「ご飯だよ～」と呼ぶ声、夕焼けを見ながら友だちと帰ったこと、どこかの家からただよってくるカレーライスのにおい、夕焼けを見ているとなんだか昔のことが思い出されます。夕焼け空には、そんな魅惑があるのです。

夕焼けはどうして赤い？

空が赤くなるって、考えてみると本当に不思議です。

夕焼けは、どうして赤いのでしょうか？

信号の「止まれ」は赤色です。

赤色は、遠くからでも見える色です。

光は波のように進んでいくとイメージしてください。そして、色によって波の長さが違います。

赤色の光は波がゆるやかなので、空気の中の分子にぶつかることが少なく遠くまで届きます。そのため遠くからでも目立つように、「止まれ」の信号に赤色が使われているのです。

昼間は上から太陽の光が射しますが、夕焼けは斜めから太陽の光が差し込みます。昼間の太陽の光が通る空気の厚さは 10 キロほどです。ところが、沈んでいく太陽の光は横から届くので、数百キロから数千キロもの空気の中を通ります。そのため、他の光はだんだんと消えてしまい、遠くまで届く赤い光だけが見えます。

そのため、夕焼け空は赤く見えるのです。

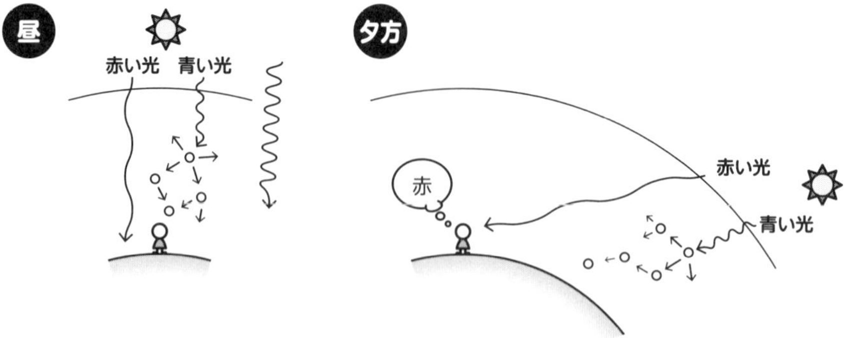

昼間、上から来る太陽の光は地上に届く。夕方、斜めに届く太陽の光は赤い光だけが届く。

実験 夕焼け色を作ってみよう

傘を入れる長いビニール袋の中に水を入れて、牛乳を少量（水１リットルに対して牛乳５ミリリットル程度）入れて、口を固く閉じます。暗い所で机の上に置いて、横から光を当てると、ビニール袋の底が赤く光ります。波長の長い赤い光だけが牛乳の分子に邪魔されずに、袋の底まで届くのです。

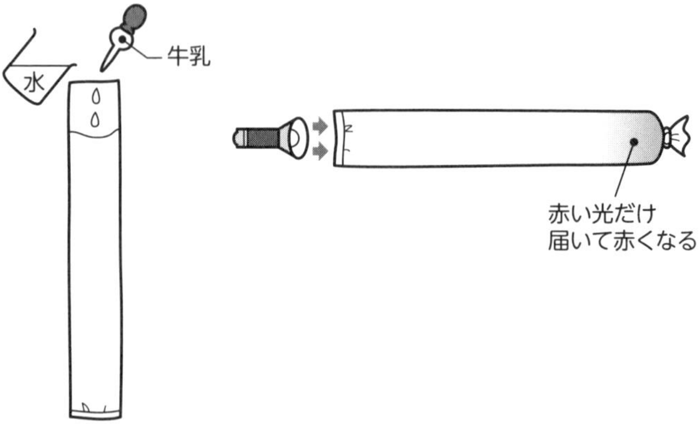

夕焼けの不思議な力

夕方になると赤ちゃんが理由もなく、急に泣きはじめることがあります。「夕暮れ泣き」です。夕暮れ泣きの理由はわかっていません。一説には、日が暮れて夜が近づいてくることが不安になって泣くとも言われています。

子どもたちにとっては日が暮れて、暗くなっていく夕暮れは何だかこわい時間でもあります。

電気のない昔の人たちも夕暮れを恐れました。昔の人は、昼と夜の境目の夕暮れの時間は、妖怪が出る時間だと言って恐れたのです。黄昏（たそがれ）という言葉は、夕暮れで人の顔がわからないため、人とすれ違うときの不安感から「誰そ　彼は（あなたは誰？）」と聞いたことに由来すると言います。

子どもたちが、夕暮れに不安になるのは、当たり前のことかもしれません。

現代でも、夕暮れ時の不思議さは、昔とまったく変わっていません。

夕飯のしたくに忙しい時間ですが、たまには子どもといっしょに夕焼け空を見てみてはどうでしょうか。

夕焼け空は本当に不思議です。

空の色が、刻々と変わっていきます。3歳になる我が家の子どもは、こう言いました。

「夕方ってね。空が赤くなって、雲が黒くなって、空が白くなって、それから黒くなって夜になるんだよ」

「空が白くなる」なんて、すごい描写だなぁと思いました。

「夕焼け小焼けの赤とんぼ〜」の童謡「赤とんぼ」は、夕焼けの赤とんぼを見ていたときに、「おんぶされていた日」や「山の畑のクワの実」や「姐やとの別れ」など、自分の子ども時代が、次々と思いだされてきたという大人の郷愁の歌です。

子どもと夕焼けを見ていると、不思議なことに自分が子どもの頃のことが、不意に思いだされることがあります。

夕焼け空には、そんな不思議な力があるのです。

夕焼けはどうして赤い(2)
夕焼けが赤いもう1つの理由

**夕焼けが赤いのには、もう一つ理由があります。
それは救急車が目の前を通り過ぎるとサイレンの音が
変わることと関係があります。**

お天道様を拝もう

朝日が昇っていくようすを見たことがありますか。

元旦の朝に初日の出を見ますよね。日の出を見ていると、太陽が思ったよりも早いスピードで動いていることに驚きます。ふだんは気がつきませんが、太陽はあのスピードで空を動いているのです。

昔の人は太陽を「お天道様」と呼んで、朝日を拝みました。そして「お天道様が見ている」と言って、他人がみていなくても、悪いことをせずに良いことをするように、子どもに教えたのです。

どうして朝焼けよりも夕焼けの方が赤いのか?

赤く染まった夕焼け空はとってもきれいです。

「夕焼け」と似た言葉に「朝焼け」があります。ところが、朝日が昇る空を見ても、夕焼けのように真っ赤に染まることはありません。どうしてでしょうか。

朝日は近づいてくる太陽です。これに対して夕日は遠ざかっていく太陽です。近づいてくる太陽からの光は、波長が詰まって短くなります。一方、遠ざかっていく太陽からの光は、波長が長くなります。光の波長は長いほど、赤色になります。そのため、遠ざかっていく夕日からの光は、より赤い色に見えるのです。これが夕焼けが朝焼けよりも赤くなる理由です。

近づいてくる救急車のサイレンの音がが、自分の前を通り過ぎて遠ざかると低くなるのも、同じ理由です。遠ざかる救急車からの音の波長は長くなるので、音が低くなるのです。

このように近づいたり遠ざかったりすることによって、光や音の波長が変化する現象は「ドップラー効果」と呼ばれています。

高い音
低い音

止まっている救急車の音
均一に届く。

近づいてくる救急車の音
波が短くなり、音が高くなる。

遠ざかる救急車の音
波が長くなり、音が低くなる。

太陽の光のドップラー効果

朝焼け
夕焼け
真っ赤だ!!
近づいてくる太陽は
波長が短い。
遠ざかる太陽は
波長が長い。

雲はどうしてできるの？

空気の中の見えない水が雲を作るのです。

　雲は色々な形に見えます。プテラノドンを大だこが追いかけて、その後ろから汽車が走っていく．．．。子どもといっしょにのんびりと雲を眺めながら、そんな壮大な物語を楽しんでみませんか。

　雲はまるで綿菓子のよう。子どもの頃は、雲の上に乗ってどこまでも飛んでいきたいと思ったものですが、飛行機に乗ってみると、雲の中はただの霧のようでガッカリしたものです。

◎乾いた水はどこへ行く？

　コンクリートに水をまいても、水が乾くと消えてしまいます。ぬれた洗濯物を干しておくと、いつの間にか水が消えて、洗濯物が乾きます。

　この水はどこに行ってしまうのでしょうか。

　水は冷たいときには氷のようなかたまりになります。逆に、温められると蒸発して、水蒸気になって空気の中に消えて行ってしまいます。

　お湯をわかすと、中からブクブクと泡が出てきます。これは水が水蒸気になって出ていくからです。

◎コップが汗をかくのはなぜ？

　コップに冷たい飲み物を入れておくと、コップの外に水滴がつきます。どうしてでしょうか。

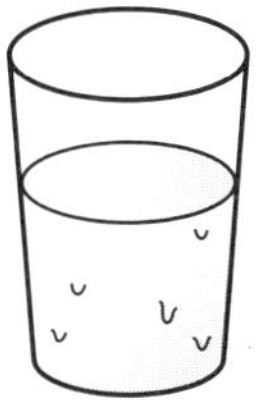

空気の中には、そんな見えない水蒸気がたくさん隠れています。コップのまわりの空気の中の水蒸気は、冷たいコップに冷やされて水に戻ってしまいます。こうして空気の中から現れた水が、コップのまわりにつくのです。

お風呂の湯気の正体は？

空気の中に隠れている水蒸気は、目には見えません。

お風呂の湯気は、水蒸気ではありません。

お湯からは、次々に水が蒸発して、水蒸気が出ていきます。ところが、お湯から出ていった水蒸気が、部屋の気温で冷やされると、すぐにまた水に戻ってしまいます。そして、小さな水の粒となって空気中に浮かぶのです。これが湯気の正体です。

じつは、雲も同じしくみによってできます。

空気の中の水蒸気が冷やされると、水蒸気が水の粒となって湯気のように空に浮かびます。こうしてできるのが雲なのです。

空は高いところにいけばいくほど、気温が低くなります。そのため、高い場所に運ばれた空気の中の水蒸気が冷やされて雲ができるのです。

冬に息を吐くと、息の中の水蒸気が冷やされて、息が白く見えます。

アイスクリームも湯気が出る？

温かなお湯からだけでなく、冷たいアイスクリームからも湯気のようなものが出ます。

お湯から出た湯気は、お湯が蒸発してできた水蒸気が冷やされて、水の粒になりました。

一方、アイスクリームは冷たいので、まわりの空気を冷やします。こうして、まわりの空気の中にあった水蒸気が冷やされて水の粒となるのです。

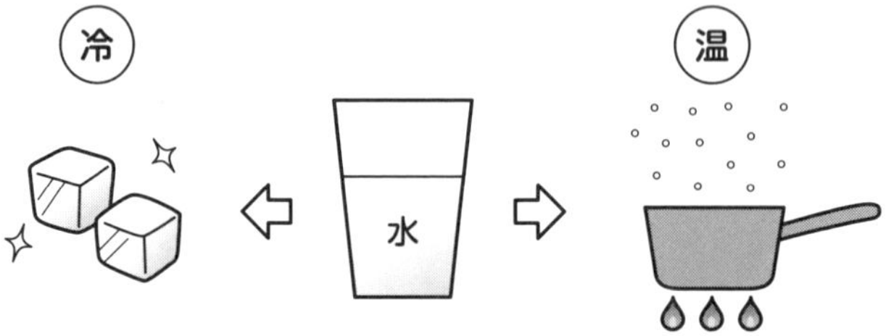

冷たいときは氷になり、温めると水蒸気になって空気になる。

雨はどうして降るの？

空気の中の見えない水が水玉になって落ちてくるのです。

雨も楽しみ

「雨　雨　ふれふれ母さんが、蛇の目でお迎えうれしいな♪」

小さな子どもの頃は、雨の日も楽しみでした。傘をさして、雨がっぱを着て、長靴で水たまりの中をジャブジャブ歩いたりしたものです。

晴れの日も良いですが、雨の日も良いものです。雨の日も存分に楽しむことにしましょう。ところで、どうして雨は降るのでしょうか？

雨はどうして降るの？

52 ページで紹介したように、雲は小さな水の粒が集まって浮かんでいます。ところが、水の粒がたくさんに増えてくると、だんだんと水の粒がくっついて、水滴になっていきます。大きくなった水滴は、もう空に浮かんでいることができません。

すると重さに耐えられなくなった水滴がどんどんと落ちていきます。そして、雨となって地上に降り注ぐのです。

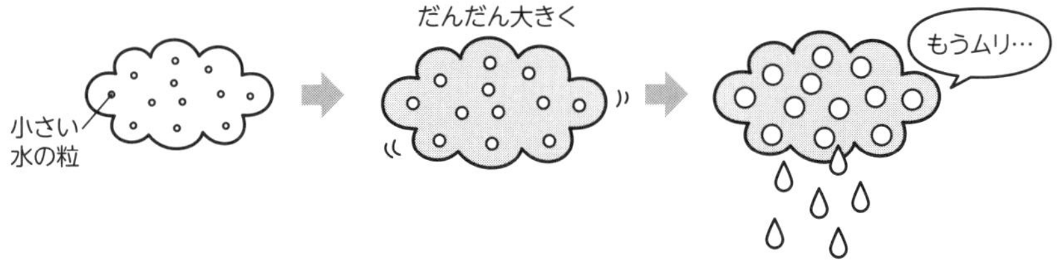

どんなときに雨が降るの？

高いところにいけばいくほど、気温は低くなります。

そのため、空気が上に移動すると、空気の中の水蒸気が冷やされてたくさんの水の粒ができます。

風が山にぶつかると、山に沿って風が吹いて空気が高いところに運ばれます。山で雨が降りやすいのはそのためです。

お風呂のお湯は上の方が熱いように、空気も温かい空気は上へ移動します。夏になると地面が温められて、空気が上に上っていきます。この空気の中の水蒸気が入道雲となり、夏の夕立ちとなるのです。また、温かい空気と冷たい空気がぶつかると、温かい空気は上へ押し上げられます。こうして雨が降るのが前線です。

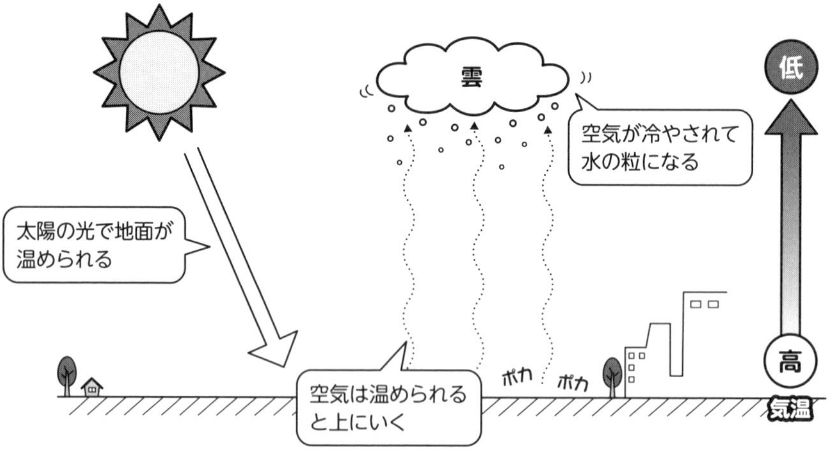

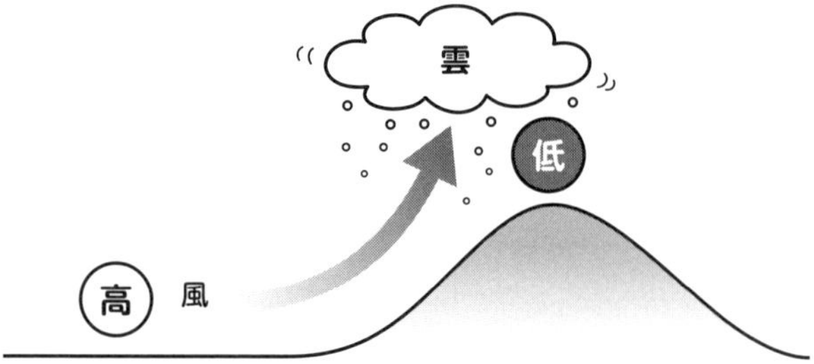

天気図の低気圧と高気圧

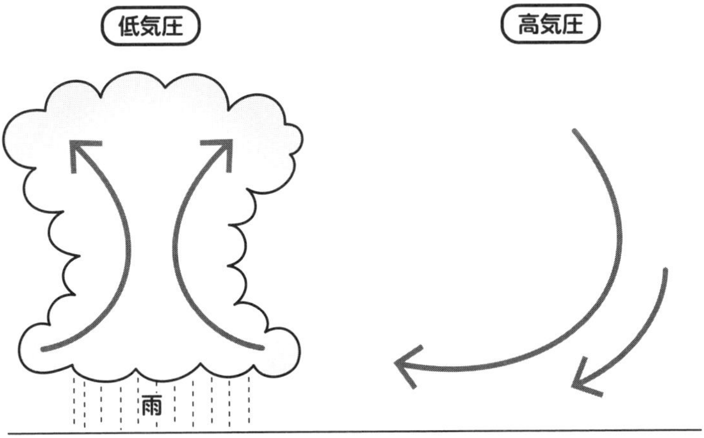

・低気圧は空気が少なくて軽いので上へ行く。

・高気圧は空気がたくさんあって重たいので下へいく。

月はどうして落ちてこないの？

月は地球に引っ張られて落ち続けながらまわっているのです。

月を見てみよう

よく見ると月には模様が見えます。

昔の人はウサギが餅をついているように見えると言いました。そこから、月にはウサギが住んでいると言われるようになったのです。ヨーロッパではカニのハサミに見えると言われています。あなたには、何に見えますか？

月はどうしてついてくるの？

夜の道を歩いていると、月がずっとついてきます。車に乗って走っても月がついてくるように見えます。

「どうしてお月さまは、ずっとついてくるの？」と、よく子どもたちは不思議に思うようです。車や電車に乗って景色を見ていると、近くのものは次々に動いていきますが、遠くの山はゆっくりとしか動いて見えません。遠くにあるものは動いて見えないのです。

月は 38 万 km も遠くにあります。これは、新幹線で走っても 53 日も掛かるほど遠い距離です。それだけ遠くにあるので、月は動いて見えません。どこで見ても同じ位置に見えるので、月がついてくるように見えるのです。

電車で近くの電柱はどんどん動けど、遠くの山はあまり動かない。
もっと遠くの月はほとんど動かないように見える。

月はどうして落ちてこないの？

子どもたちの質問の定番です。宇宙にあるのだから、そんなもの当たり前だと思うかもしれませんが、じつは、この問題はかなり難しい問題です。

何しろ、かのニュートンは「リンゴは落ちるのに、どうして月は落ちないのか？」という疑問から万有引力を発見したと言われています。それほど、真理をついた質問なのです。ニュートンと同じ「？」を発見した、あなたの子どもを、まずは自慢に思いましょう。

星は、はるか遠い宇宙にあるので、落ちてくることはありません。ところが、月は地球の近くにあるので、地球の重力が働いてしまうのです。

月は地球のまわりをまわっています。

車でカーブをまわるときに、体が外側に振られます。これは「遠心力」が働くためです。

もし、遠心力しかなかったら月は、外へ飛んで行ってしまいます。ところが、月は外へ飛び出すことはありません。

月が外へ飛び出さないように、内側へ引っ張る力があるのです。それが地球の引力です。

月は外に行こうとする遠心力と、内側に引っ張る引力とが釣り合った状態で回っているのです。ちょうど、糸についたボールをぐるぐる回すのと同じです。ボールが外に飛び出そうとするのを、つなぎとめている糸が、引力なのです。

引力が働いているということは、月は地球に向かって落ちているとも言えます。月は地球へ向かって落ち続けながら、地球のまわりを回り続けているのです。

人工衛星も、月と同じように外に飛び出していく遠心力と、内側に引っ張られる引力がつりあった状態で地球のまわりを回っています。

子どもの手を持って、まわしてあげましょう。
月はちょうど、地球と手をつなぎあっているように
地球のまわりを回っているのです。

第4章

公園で科学する

どうしてすべり台をすべるとお尻が熱くなるの？

こすれたエネルギーが熱のエネルギーになるのです。

すべり台はとっても楽しい遊具です。でも、あまり早くすべるとお尻が熱くなってしまいます。どうして、すべり台をすべると、お尻が熱くなってしまうのでしょうか。

物をこすると熱くなる

物と物をこすると温かくなります。これを「まさつ熱」と言います。

たとえば、寒い時に両手をこすると、手が温かくなります。

大昔の人の火おこしのやりかたを知っていますか？　大昔の人はまさつ熱を利用して火を起こしました。木の棒を木の穴に入れて、すばやくまわし、木をこすりあわせて熱くして火の元を作ったのです。

昔の人の火おこし

どうしてこすると熱くなるの？

どうして物と物がこすれると熱くなるのでしょうか。これはけっこう難しい問題です。

自転車のブレーキで考えてみましょう。

自転車で走っていて、ブレーキを掛けると、ゴムのブレーキがタイヤをはさみます。こうしてゴムのブレーキとタイヤがこすれながら、動いていたタイヤが止まるのです。このとき、タイヤとこすれていたゴムのブレーキは熱くなります。

走っている自転車は、自転車を動かすエネルギーにあふれています。ところが、ブレーキを掛けると自転車のスピードはゆっくりになって止まってしまいます。自転車を動かしていたエネルギーはどこに行ってしまったのでしょうか。

少し難しいですが、エネルギーはなくならないというのがニュートンの発見した法則です。

じつは、自転車の走っていたエネルギーが、熱というエネルギーに変化して熱くなるのです。

すべり台をすべるときも、すべり台とお尻がこすられながらブレーキを掛け続けています。そのため、すべり台をこするとお尻が熱くなってしまうのです。

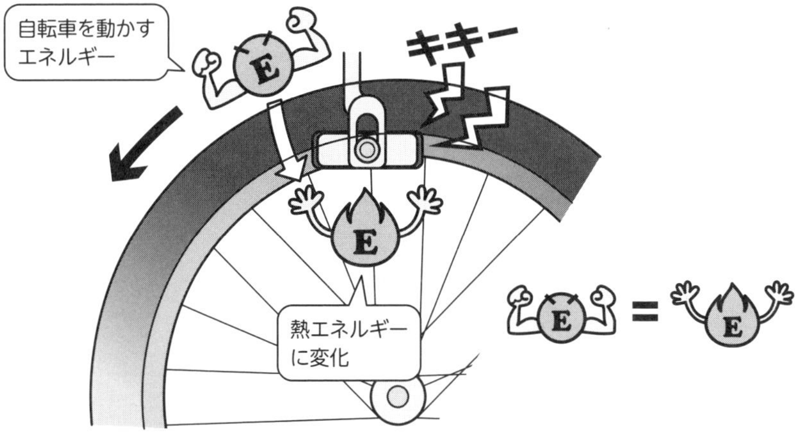

自転車のスピードのエネルギーが熱のエネルギーに変わる。

シーソーで大人とつりあうには？

中心からの距離で、力の強さは変わります。

ギッコンバッタン。シーソー遊びは楽しいものです。

しかし、シーソーは２人いないと遊べません。小さな子どもと、大人の人とでは、つりあいません。どうすれば良いのでしょうか。

子どもと大人がつりあうには？

大人の人が中心に近いところに座れば、子どもと大人とがつりあいます。中心からの距離が半分になると、重さが２倍のものとつりあうことができます。

このように、中心からの距離を変えることで子どもの体重ででも大人の体重とつりあうことができます。

この原理を利用すれば、小さい力で重たいものを動かすことができます。これを「てこの原理」といいます。

身近なてこの原理

小さい力で、大きな力を生みだす「てこの原理」は、さまざまなものに使われています。てこには、色々な種類がありますが、支点と呼ばれる場所から遠いところに小さな力を加えると、支点に近いところで大きな力になります。

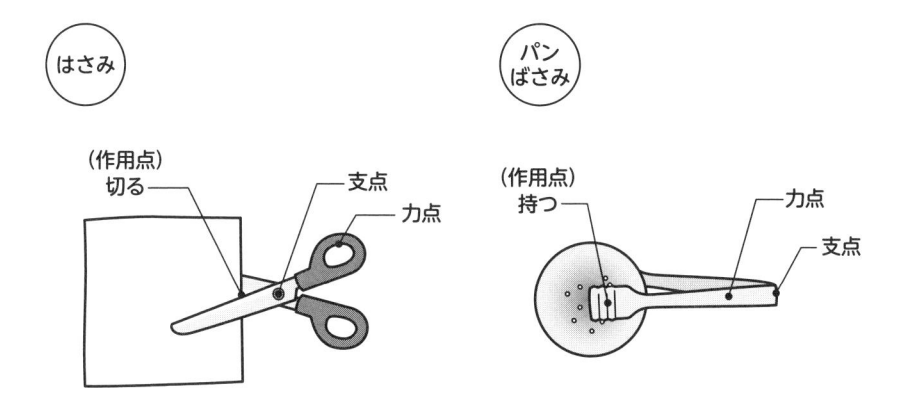

はさみ

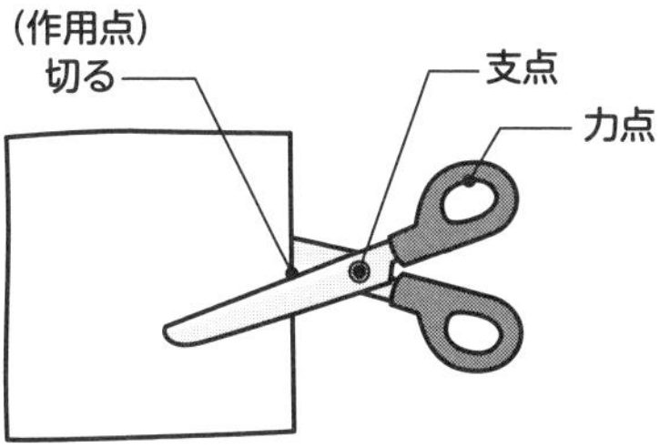
(作用点)
切る
支点
力点

支点から遠いところを動かすと、
支点から近い刃で紙が切れる。

パンばさみ

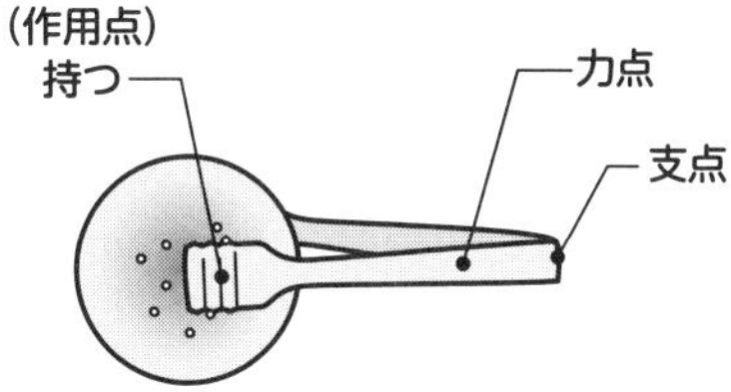
(作用点)
持つ
力点
支点

はさみとは逆に支点から近いところを
動かすと、支点から遠いところでは
弱い力になって、やさしくパンをつかむ。

昔だったら、栓抜きやくぎ抜きがてこの定番。でも今の子どもは見たこともないかも。

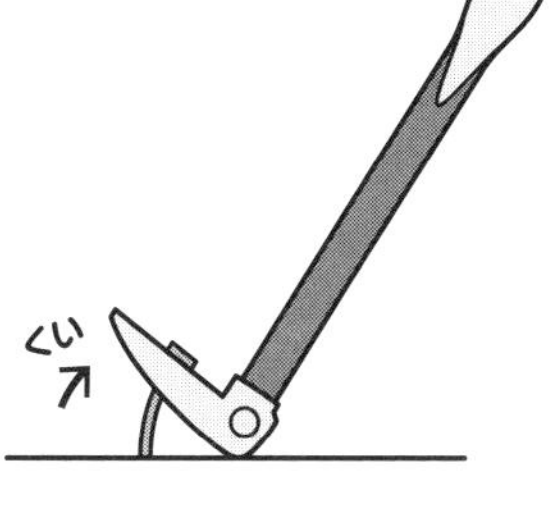
くい

ブランコは誰が乗っても同じ早さ？

乗る人の重さが違っても、ブランコの揺れる時間は同じです。

私の子どもはブランコが好きでした。

あまりに楽しそうに乗るので、私もよく並んで乗りました。

ブランコは大人が乗っても、とっても楽しい遊具です。しかし、大人が一人で乗っていたのでは、気が病んでいるのかと心配されてしまいます。子どもが並んでいるときだけ、大人も存分のブランコを楽しむことができるのです。

私の子どもの話では、ブランコが高くあがったとき、空を見上げると気持ちが良いとのこのでした。

大人も子どもも同じ

シーソーでは、大人と子どもとは中心からの距離にハンディをつけないと釣り合いませんでした。

ところが、ブランコでは大人と子どもとのハンディは必要ありません。

大人が乗っても、小さな子どもが乗っても、揺れる時間は同じなのです。

そのため、大人と子どもで、そろってブランコをこぐことができます。

また不思議なことに、大きく揺れても、小さく揺れても、揺れる時間は同じです。大きく揺れると、ブランコはゆっくり動きます。小さく揺れると、ブランコは早く動くのです。

ただし、これはブランコをこがずに、ただ、揺れているときの話です。ブランコをこいでしまうと、力が掛かってしまうために、ブランコの早さは変わってしまいます。

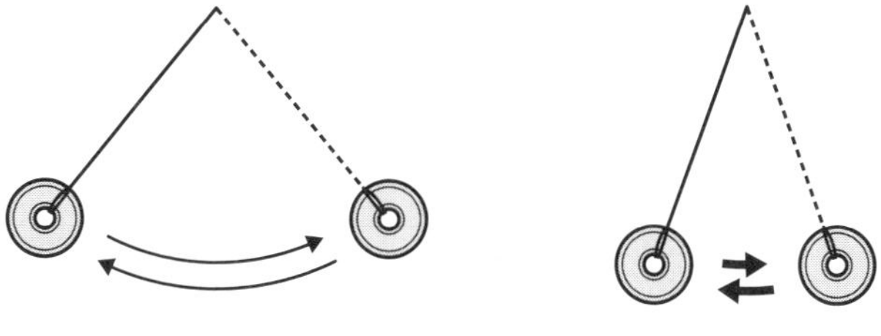

五円玉に糸をつけてみると、大きく揺らしても小さく揺らしても揺れる時間は同じ。
五円玉を２枚にして重たくしてもスピードは変わらない。
ただし、糸の長さを変えると、スピードは変わる。

ガリレオが発見
天井から吊るした揺れているランプが、
だんだんと揺れの大きさが小さくなるにつれ
ランプの動きが速くなっていくことから発見した。

ボールはどうしてはねる？

つぶれた空気が元にもどろうとするのです。

ボールが１つあると色々な遊びができます。ボールを投げたり、けったり、転がしても遊べます。地面に落とすとはねるというのも楽しいものです。

ドッジボールやサッカーボールばかりではありません。よく跳ねるスーパーボールも子どもたちに人気です。

空気の力

ボールの中には空気が入っています。

ボールが地面にぶつかると、空気がつぶれます。その空気が元に戻ろうとする力で地面を跳ね返すので、ボールが跳ねるのです。

スーパーボールはゴムでできています。スーパーボールには、空気が入っていませんが、ボールが地面にぶつかるとゴムがつぶれます。そして、ゴムが元に戻る力でボールが跳ねるのです。

空気やゴムのように、つぶれやすい性質のものの方が、元に戻る力が大きいので跳ねやすくなります。

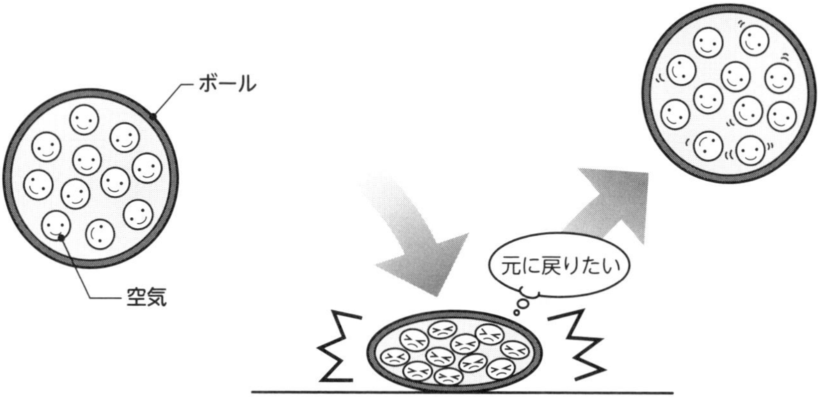

ボールの中の空気が圧縮されて、元に戻ろうとしてボールがはねる。

空気鉄砲

空気鉄砲も、ボールがはねるのと同じしくみです。空気を押すと空気がつぶれて、その空気が元に戻ろうとする力で、弾が押し出されるのです。

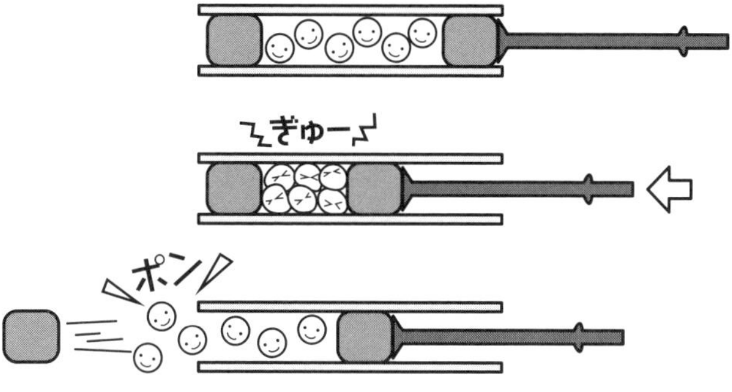

空気鉄砲のしくみ

幻のミラクルシュート

子どもたちはボール遊びが大好きです。私もよく子どもたちとボール遊びをして遊びました。ボールを投げたり、蹴ったり、追いかけたり、転がしたり、ボールが１つあるとさまざまに遊べます。跳ねたり、曲がったり、回転したりするボールの動きは、科学に満ち溢れています。

私の息子は小学生のときにサッカーが大好きでした。そして、あろうことか夏休みの自由研究で「無回転シュートはなぜ落ちるのか？」を調べたいと言い出したのです。

しかし当時、無回転シュートといえば、世界でも有名な限られた選手のみが蹴ることのできる幻のシュートでした。とてもそんなものを題材に研究をすることはできません。私はあきらめるように言いましたが、それでも息子は友だちと無回転シュートを蹴る練習を始め、来る日も来る日もボールを蹴っていました。

そんなある日のことです。「蹴られるようになった！」と息子が、意気揚々と帰ってきました。まさか、と私は思いました。一流選手でも難しいシュートが、夏休みに練習したくらいでできるわけはありません。

ところが、です。子どもたちの放ったシュートは、どれも無回転で複雑な変化をしたのです。私はびっくりしました。どうして、こんなことができるようになったのでしょうか。

聞けば、ボールの空気を少し抜くと、無回転シュートを打てるということを発見したようです。ボールを投げたり、蹴ったりすると、力が掛かった方向に回転します。回転をさせないためには、ボールのど真ん中を、まっすぐに押し出すように蹴らなければならないのです。子どもたちは、ボールの空気を抜いたことで、蹴る足とボールが密着しやすくして、ボールをまっすぐと押し出すことができるようになったのです。

残念ながら、自由研究をするだけの日数は残されていませんでしたが、夏休みの間に無回転シュートを打てるようになっただけでも、十分に無回転シュートの謎には迫っています。

子どもたちに不可能はありません。子どもたちの可能性の前では、大人の既成概念など何の役にも立たないことを思い知らされました。

第5章

お散歩で科学する

葉っぱはどうして、みどり色なの？

栄養を作るための緑色のつぶがたくさんあるのです。

葉っぱは工場？

葉っぱの中には、葉緑素という緑色の粒がたくさん入っています。この緑色の粒がたくさんあるので、葉っぱ全体が緑色に見えるのです。

この緑色の粒は、植物にとって大切な役割をしています。

水と空気の中の二酸化炭素を原料にして、植物が生きるための栄養分（糖分）を作り出します。これが「光合成」です。

植物の葉っぱは、原料から必要なものを作り出す工場のような働きをしているのです。工場を動かすにはエネルギーが必要です。葉っぱの工場に必要なのは太陽のエネルギーです。葉っぱは太陽の光を受けて、栄養分を作り出していくのです。

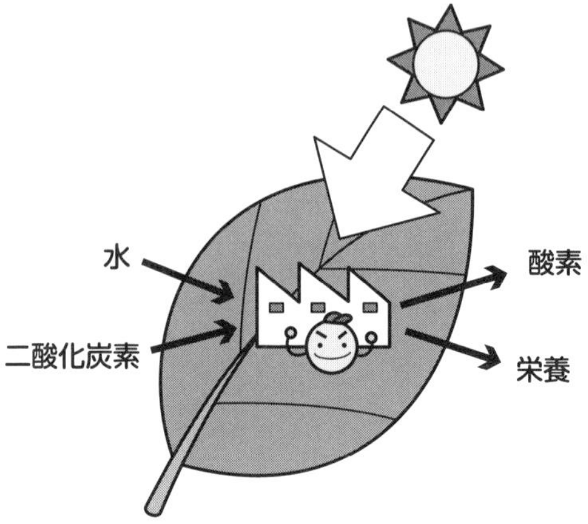

葉緑素はどうして、緑色をしているの？

　それでは、光合成を行う葉緑素は、どうして緑色をしているのでしょうか。
　42ページの「虹はどうしてできるの？」で紹介したように、太陽の光は、さまざまな色が混ざってできています。葉緑素は光合成をするために、主に青色と赤色、黄色の光をエネルギーとして使います。そのため、これらの色の光は、粒の中に吸収されてしまいます。そして、必要のない緑色の光が跳ね返されるのです。この緑色の光が見えるので、葉緑素は緑色に見えるのです。

青
緑
黄
赤
必要のない緑
緑
赤と青と黄の光をエネルギーにする

光が当たらないと緑色にならない

　植物は日陰で育つと、少ない光でも、十分な栄養を作れるように、緑の粒を増やします。そのため、日陰で育っている植物は緑色が濃くなります。
　それでは光がまったく当たらないとどうなるのでしょうか。
　光が当たらないと「光合成」をすることができません。そのため、緑色の粒はだんだんと壊れていっ

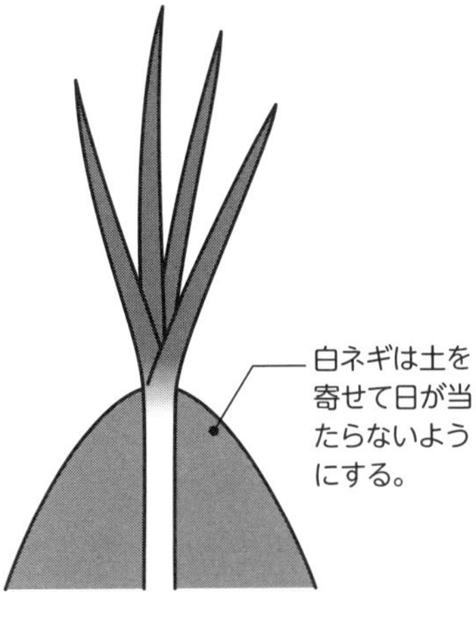
白ネギは土を寄せて日が当たらないようにする。

てしまいます。そのため、緑色の粒がなくなって白くなってしまうのです。

　もやしは、光のないところで育てます。そのため、白い色をしているのです。また、白ネギやホワイトアスパラガスは、土を掛けて育てます。そのため、土の掛かった部分は白い色をしているのです。

もやしっこの力

　ひょろひょろとしたひ弱な子は「もやしっ子」と言われています。でも、もやしって本当は力強いんです。

　もやしは暗いところで育てた大豆や緑豆の芽生えです。

　暗いところで育てられるもやしは、太陽の光を求めてふつうの芽生えよりも茎をぐんと高く伸ばします。光が当たらないと、土の中にいるのだと考えて葉を開かないのです。

　また、もやしは茎をUの字に曲げています。これも、土の中で葉をいためないための工夫です。こうして、大豆の芽生えは茎の背中で土を押しのけながら伸びていくのです。子どもたちがおしくらまんじゅうを背中で押し合ったり、私たちが満員電車に乗るときに背中から割り込んでいくのと同じです。もやしはとてもパワフルなのです。

　最近では、豆のもやしだけでなく、ブロッコリーや赤キャベツ、ソバ、ヒマワリ、アルファルファなど、さまざまな植物の芽生えがスプラウトと呼ばれて売られています。

　貝割れダイコンもダイコンの芽生えですから、スプラウトの１つです。色々なスプラウトを探してみましょう

　種の栄養分を利用して、ビタミンなどのさまざまな栄養素を合成しはじめた植物の芽生えは、たくさんの種類の栄養分を持っています。その植物を丸ごと食べるのですから、もやしやスプラウトは栄養満点です。もやしっこは生きる力にあふれているのです。

どうして秋になると葉っぱの色が変わるの？

寒さで緑色のつぶが壊れて、他の色が見えるのです。

秋になると葉っぱは赤や黄色に色づきます。秋の紅葉はとてもきれいです。

私の子どもは、公園に落ちた黄色いイチョウの葉っぱを見つけると、歓声をあげながら踏んで音を出したり、投げ散らしたり、落ち葉の上を転げまわっていました。

紅葉は秋の風物詩。それにしても、どうして葉っぱは色が変わるのでしょうか。

葉っぱの色が変わる理由

葉っぱの中には、緑色の粒だけでなく、黄色い粒を持っている葉っぱもあります。しかし、緑色の粒があまりにたくさんあるので、黄色い色は見えないのです。ところが、冬が近づいて寒くなってくると、緑色の粒が壊れてしまいます。こうして、緑色の粒がなくなると、黄色の粒の色が見えてくるのです。こうして、秋になると黄色くなる葉っぱがあります。

また、秋になると赤くなる葉っぱもあります。

赤くなる葉っぱは、寒くなってくると寒さに耐えるために、赤い粒を作り始めます。そして、緑色の粒が壊れてなくなると、赤い色になるのです。

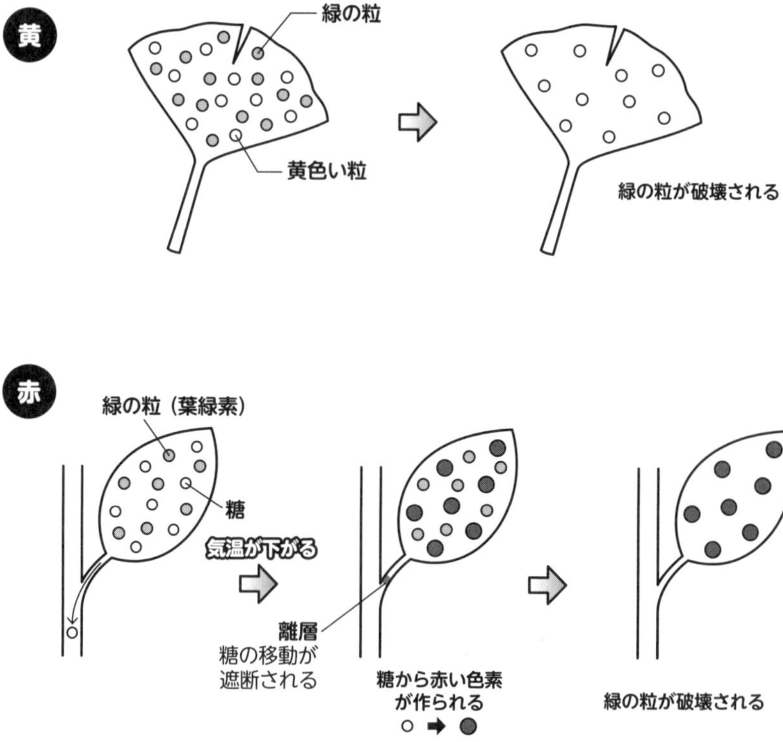
黄
緑の粒
黄色い粒
緑の粒が破壊される
赤
緑の粒（葉緑素）
糖
気温が下がる
離層
糖の移動が
遮断される
糖から赤い色素
が作られる
緑の粒が破壊される

黄色くなるしくみと、赤くなるしくみ

どうして花はきれいなの？

ハチを呼ぶために、目立たせているのです。

「お花きれいねぇ」と子どもたちは、花に関心を寄せます。人は不思議と花に惹かれます。

古くはネアンデルタール人も、死者を弔う際に花を供えていたとも言われています。

どうして、植物はきれいな花を咲かせるのでしょうか。

花は誰のために咲く？

花が咲き終わると、やがて種ができます。ところが、種ができるためには、おしべの花粉がめしべにつかなければなりません。この花粉を運んでくれるのが、ミツバチなどの虫たちです。

植物は、ミツバチなどの虫にやってきてもらうために、きれいな花びらで花を目立たせます。そして、ミツバチの餌になるように、みつを用意するのです。

花をずっと見ていてください。やがてハチがやってきて体に花粉をいっぱいつけて飛び立っていきます。こうしておしべの花粉が、別の花のめしべに運ばれて種ができるのです。

きれいな花は、人間を楽しませるために花を咲かせるわけではありません。虫たちが喜んでやってくるように、きれいに咲くのです。

きれいではない花もある

花粉を虫に運んでもらわない花もあります。たとえば、マツの木やイネなどは、風に乗せて花粉を運びます。それらの花はきれいに咲く必要がありません。そのため、緑色をしていてあまり目立ない花を咲かせます。

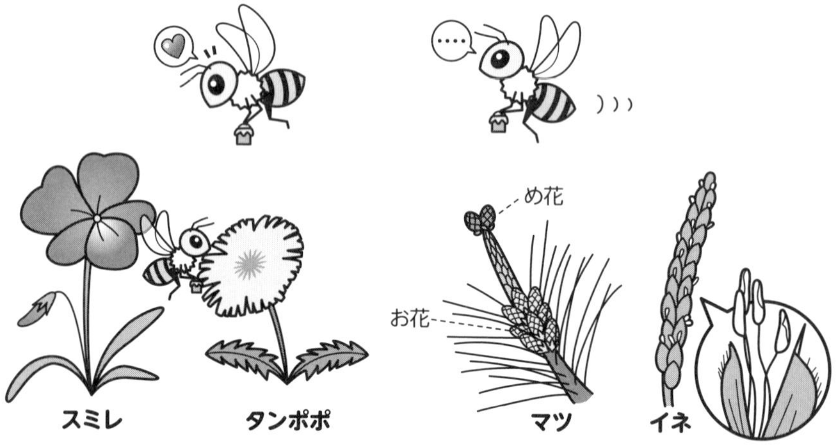

ミツバチがやってくるきれいな花と、虫が来ない目立たない花

どうして、おしべの花粉をめしべにつけるという面倒くさいことをしないと、種ができないのでしょうか。それは、人間に男性と女性がいて、結婚して子どもを産むのと同じ理由です。それについては128ページで考えてみましょう。

植物はどうして動かないの？

動かなくても太陽の光さえあれば生活することができるのです。

どうして動物は動くの？

植物は動きません。どうしてでしょうか。

植物の立場に立ってみれば、どうして人間や動物は動き回るのだろう、と不思議に思っているかもしれません。

植物は動かないのに対して、動物は動きます。どうして動物は動くのでしょうか。

動物は、お腹が空くと、餌を探しに行かなければなりません。そのため、動かなければならないのです。ところが植物は、餌を採りにいかなくても、土の中の栄養分とお日さまの光があれば、生きていくことができます。もし、私たちが植物のようにお日さまの光だけを浴びて生きていくことができれば、動かずに、ずっと寝転んで日なたぼっこをしていればよいのです。

動けない植物の知恵

動物は、餌を取るだけでなく、敵から逃げるためにも動きます。

しかし、植物は逃げることができません。そのため、苦味をつけて味をまずくしたり、葉っぱを固くして食べられにくいようにしています。また、バラのようにとげを発達させて、食べられないようにしているものもあります。

植物も動く

植物は本当に動かないのでしょうか。

植物は、人間や動物のように動き回ることはありませんが、よく見ると動いています。

オジギソウは、葉っぱをさわると葉が閉じます。

タンポポは夜になると花が閉じます。そして次の日の朝になると、また花を咲かせるのです。

キュウリやニガウリのつるを 10 分くらい見ていると、つるが巻きついていくのが見えます。

こうして植物も少しずつ動きながら環境にあわせて暮らしているのです。

おじぎ草

きゅうりのつる

植物が動くチャンス

動かない植物ですが、小さなタネのときは動くことのできるチャンスです。そのため、タネはさまざまな工夫で移動します。

タンポポのタネは綿毛で風に乗って、遠くへ移動していきます。

また、秋の野原で遊んでいると、たくさんのひっつき虫が服についてきます。「ひっつき虫」の正体は、植物のタネです。こうして、服にタネをくっつけて遠くへ運ばせようとしているのです。

風に乗って遠くへ

タンポポ

動物にくっついて
運んでもらいます

オナモミ

虫めがねはどうして大きく見えるの？

ガラスや水玉を通るときに光が曲がると見え方が変わるのです。

お散歩に出るとき、庭で遊ぶ時、虫めがねを持っていってください。

いつも見慣れたものも、虫めがねで見ると、またまったく違ったふうに見えます。虫めがねは、世界をおもしろく変えてくれる「魔法の杖」なのです。

お風呂で実験

42ページの「虹はどうしてできるの？」で紹介したように、光は水の中を通るときに曲がってしまいます。水にぶつかると、光の進み方にブレーキが掛かってしまうのです。

たとえば、お風呂の中に歯ブラシを半分だけつけると、歯ブラシが曲がって見えます。湯船の中に手を入れてみると、手が赤ちゃんの手のように小さく見えます。光が曲がって私たちの目に届くので、実際とは違うように見えるのです。

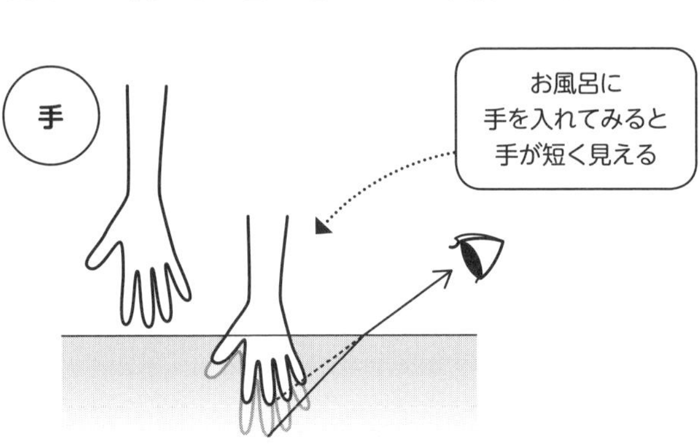
手
お風呂に
手を入れてみると
手が短く見える

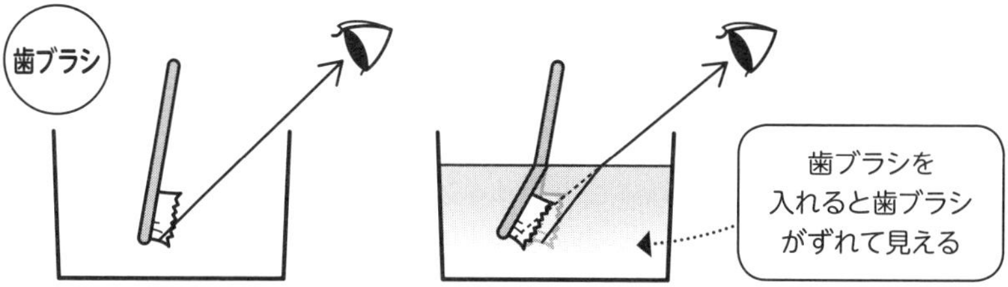

ペットボトルで虫めがね

ペットボトルに水を入れて、新聞などの上に置くと、文字が大きく見えます。ペットボトルの水によって光が曲がるので、字が大きく見えるのです。

ペットボトルを少し離して見ると、文字が逆に見えます。これも光が曲がることによって起こります。光はどのように曲がっているのでしょうか。

虫めがねが大きく見える理由

虫めがねは、真ん中がふくらんだ形をしています。これを凸レンズと言います。

虫めがねに光を当てると、光が集まります。この特徴を利用すると、太陽の光を集めて、紙を焦がすこともできます。

この光の流れを逆に考えると、小さな点の光が、虫めがねいっぱいになって目に見えることになります。そのため、小さなものが大きく見えるのです。

虫めがねで遠くのものを見ると、さかさまに見えます。これも光が曲がることによって起こるのです。虫めがねは本当に不思議です。

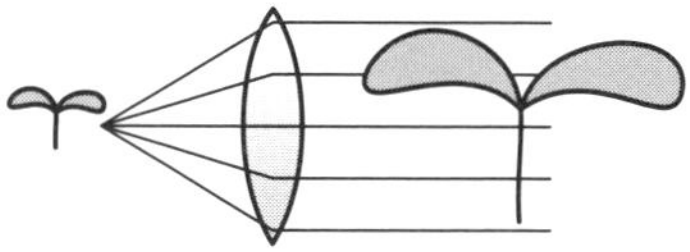

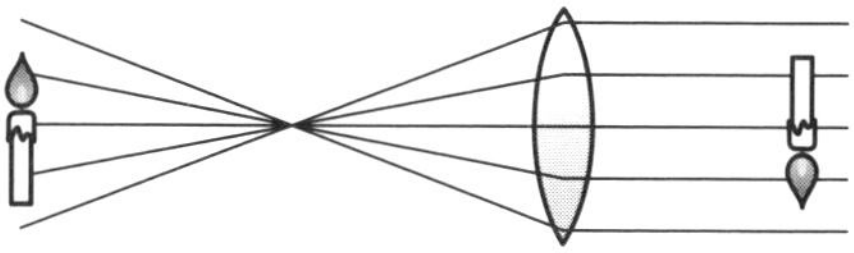

実験

　コップの底に10円玉を置いて、水を入れると10円玉が浮いて見えてきます。まるで手品です。水によって光が曲がってしまうので10円玉が浮いているように見えるのです。

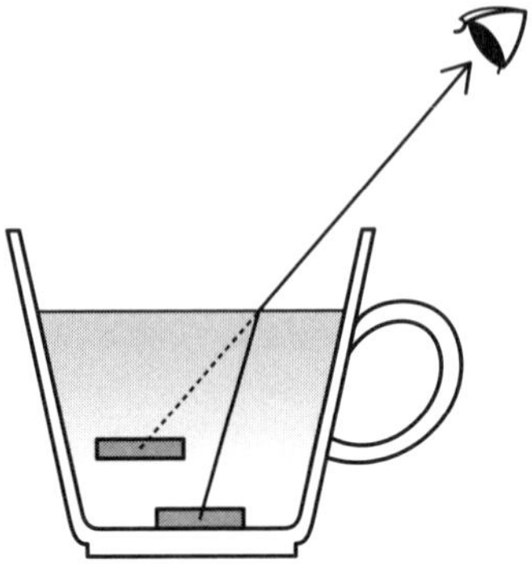

どうしてお日さまは東からのぼるの？

地球がまわるとお日さまがまわっているように見えるのです。

私は子どもの頃、太陽は西から昇るのだと思っていました。テレビアニメの天才バカボンの主題歌で、そのように歌われていたからです。

しかし、どんなことが起こっても必ず太陽は東から昇ります。

「朝の来ない夜はない」と言われます。どんなにつらいことがあっても、太陽は西に沈み、再び東から昇ります。これが大いなる自然の摂理なのです。

それでも地球は回っている

昔の人は地球のまわりを太陽がまわっていると考えていました。しかし、実際には地球が回っています。地球が動くと、太陽が動いて見えるのです。

大人が太陽の役になり、子どもはグルグルとその場で回ってみましょう。大人は動かなくても、子どもの目からは動いているような気がします。太陽役の大人が見えているときが、昼、見えないときが夜です。

地球は北を上にして左回りに回っています。そのため、南向きに見ると必ず左側の東側から太陽は見えてきます。実際に子どもが左回りに回ってみると、太陽役の大人は左側から見えます。

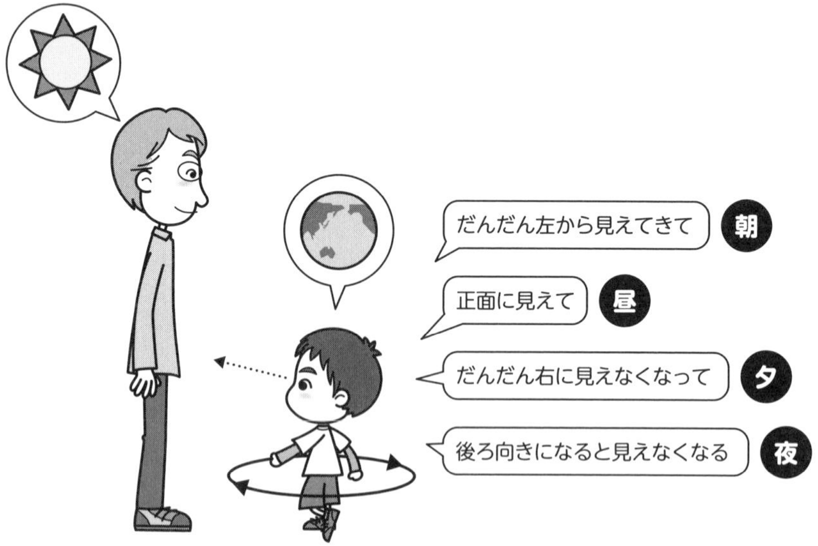
だんだん左から見えてきて
朝
正面に見えて
昼
だんだん右に見えなくなって
夕
後ろ向きになると見えなくなる
夜

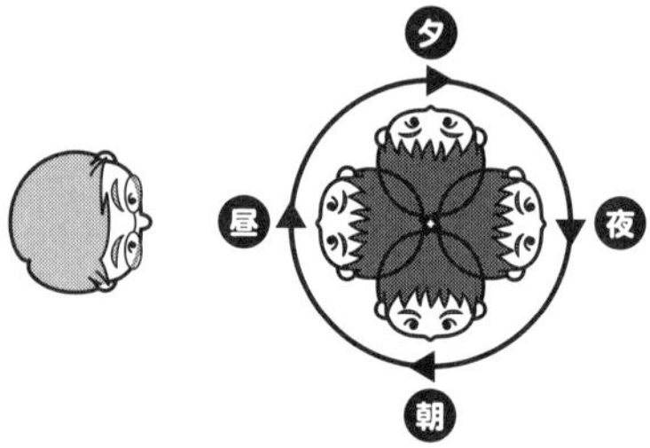
夕
昼
夜
朝

大人が動かなくても、
子どもが回転すると
大人が動いて見える。

日本が昼のとき、アメリカは夜

今度は、ボールを使ってみましょう。ボールを太陽にかざすと、太陽の側は日なたですが、反対側は日陰になります。ボールを地球だと考えると、日なたの部分が昼で、日陰の部分が夜になります。

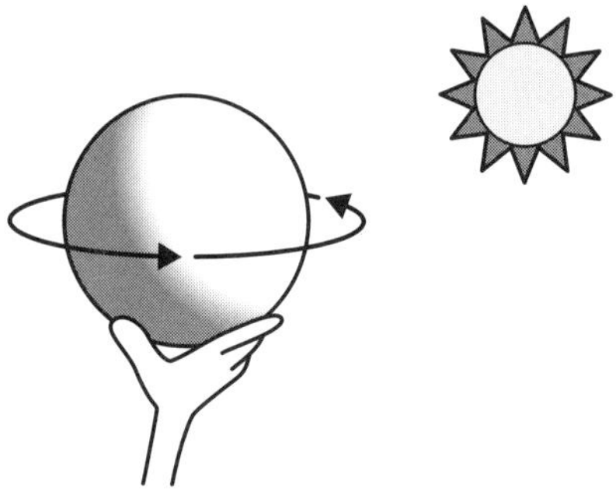

日本が昼間のときは、反対側のアメリカは夜になります。そして地球は回っています。ボールを回して見

ると、日の当たる部分が順番にずれていきます。そして、日本が夜になると、アメリカが昼になるのです。

ガリレオガリレイ「それでも地球は回っている」

どうして夏は暑いの？（1）

夏は真上に近いところから太陽が照りつけるからです。

みなさんは夏と冬はどちらが好きですか？

寒い冬には、暑かった夏をうらやましく思いますし、夏になると寒かった冬をなつかしく思いだします。

どうして、夏と冬があるのでしょうか？

夏と冬とでは太陽の光の当たり方が違う

地球は太陽のまわりを回っています。

ところが地球は、少し傾きながら、太陽のまわりを回っています。そのため、太陽の光がしっかりと当たるときと、そうでないときがあるのです。

朝や夕方のように太陽が斜めから照りつけるときは、太陽の光はしっかりと当たりません。しかし、昼間のように、太陽が上から照りつけると暖かくなります。

夏は、太陽が真上に近いところから照りつけます。そのため、暑くなるのです。また、太陽に当たっている時間が長いので、夏は昼の時間が長くなります。夏は、遅い時間まで太陽が沈まないのはそのためです。

冬は、昼間でも太陽が斜めから差し込みます。そのため、太陽の光は弱くなるのです。また、太陽に当たっている時間が短いので、冬は昼の時間が短く、夜が長くなります。そのため、冬は、夕方早い時間から暗くなるのです。

実験　懐中電灯で床を照らして見ると。。。

上から照らすと明るく見えます。斜めから照らすと、広い範囲が照らされますが、光は暗くなります。

どうして夏は暑いの？（2）世界の国を見てみよう

世界には暑い国も寒い国もあります。日本が夏のときに冬の季節の国もあります。どうしてでしょうか？地球儀を眺めながら考えてみましょう。

日光の当たり方は国によって違う

地球は傾いています。そのため、地球の上半分に太陽が真上から当たっているときに、下半分は、太陽の光は斜めに当たっています。逆に、下半分に太陽が真上から当たっているとき、上半分は斜めに当たります。上半分は北半球、下半分を南半球と言います。北半球の日本が夏のときに、南半球のオーストラリアなどの国々では季節が冬になります。北半球と南半球は季節が逆になるのです。

日本では冬に行われるクリスマスも、オーストラリアでは夏の季節です。そのため、オーストラリアではサンタクロースはサーフィンに乗ってやってくると言われています。

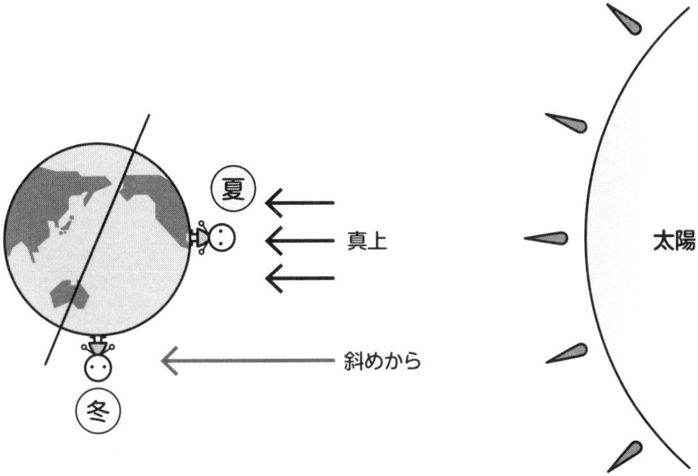

北極や南極が寒い理由

白クマがいる北極や、ペンギンが住む南極は、一年中、氷に覆われています。

北極や南極は、夏でも太陽が斜めから差し込みます。そのため、夏でも暖かくならないのです。

北極や南極では、もっとびっくりすることが起こります。

地球は傾いているので、北極や南極では夏の間は、太陽の光が１日中、当たっています。つまり、太陽が沈むことがないのです。これを「白夜」と言います。逆に、冬になると、地球が回っても太陽の光は当たりません。そのため、１日中、夜になってしまうのです。

一方、地球の真ん中では、夏でも冬でも、太陽の光が真上に近いところから当たります。そのため、ハワイやグアムなど、地球の真ん中に近いところでは、一年中、暖かな気候となるのです。

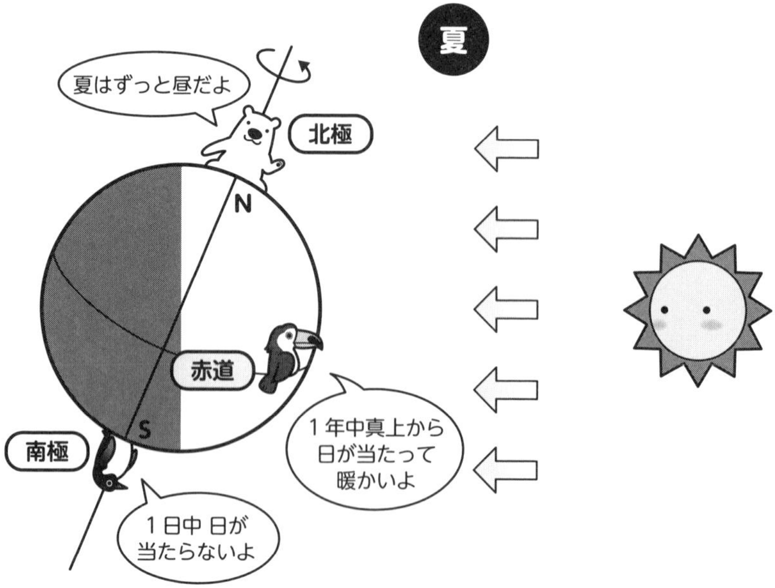
夏
夏はずっと昼だよ
北極
N
赤道
S
南極
1年中真上から
日が当たって
暖かいよ
1日中 日が
当たらないよ

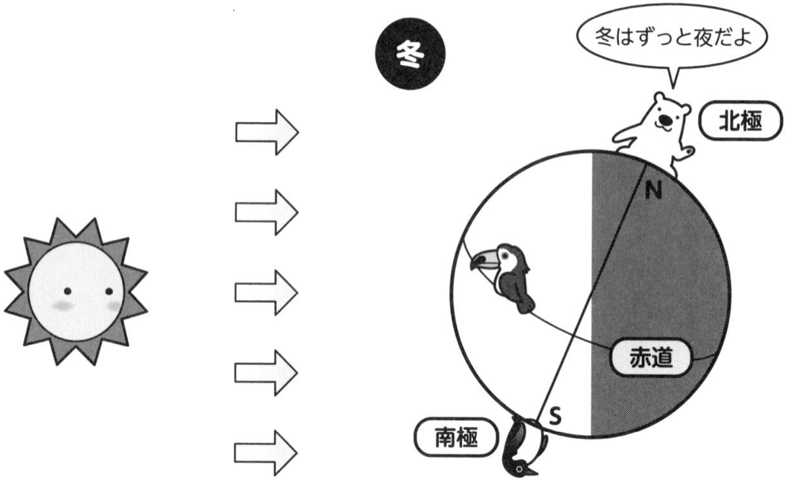
冬
冬はずっと夜だよ
北極
N
赤道
S
南極

第6章

なつかしい遊びで科学する

おじいちゃん、おばあちゃんも

竹トンボはどうして飛ぶの？飛行機が飛ぶ秘密

羽の形に秘密があります。

昔の子どもたちにとって、竹トンボは定番のおもちゃでしたが、今ではすっかりすたれてしまいました。竹を削るナイフを使うのが危ないというのが、その理由です。また、竹トンボを飛ばすような原っぱもなくなってしまいました。

しかし、簡単なしくみで空高く飛ぶ竹トンボはとても不思議で魅力的です。竹トンボを飛ばしてみましょう。竹トンボはけっして昔のおもちゃではありません。そういえば、22 世紀のドラえもんが空を飛ぶタケコプターも、竹トンボを発展させたひみつ道具でした。

竹トンボの翼

竹トンボの羽は、まっすぐではなく、片方が削ってあります。この削った羽に秘密があります。

竹トンボは左回りに回転させて飛ばします。もし、逆に回すと竹トンボは飛びません。

じつは、この竹トンボの羽は、飛行機と同じ構造をしているのです。

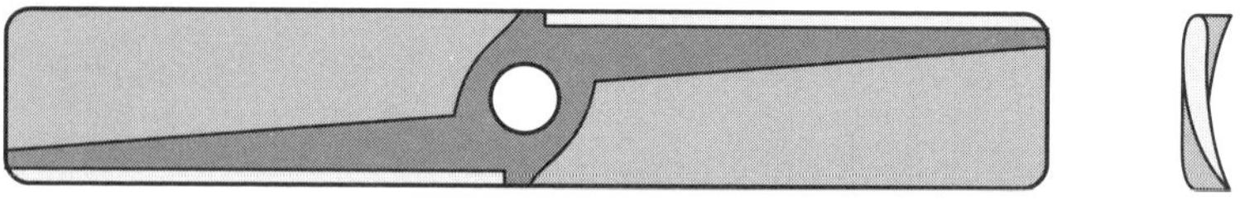

飛行機の翼

重たい飛行機が空を飛ぶというのは、本当に不思議です。

大人の私はすでに、数え切れないほど飛行機に乗っていますが、それでもいまだに飛行機の離陸のときは、「わぁ、本当に飛んだ」と不思議な感じがします。

飛行機が飛ぶために、大切なことはつばさの形です。

飛行機のつばさは、上が丸くなっていて、下が平らなかまぼこ形をしています。この形にひみつがあるのです。

かまぼこ形の翼を風が過ぎると、上の方が空気が早く進むので、空気が薄くなります。すると、翼は空気の薄い方に吸い上げられるように持ち上げられるのです。これを揚力と言います。

この揚力で、飛行機の翼は上へ持ち上げられて、空を飛ぶことができるのです。

紙の上を早く吹くと、紙の上の空気が薄くなって紙が上へすい上がられるのと同じしくみです。

紙の上を吹くと、紙が上に上がる

スピードも大切

つばさの形だけで、空を飛ぶことができるのでしょうか。

もう一つ、大切なのは、スピードです。

早く走ると風が吹きます。風が強ければ強いほど、上へ引き上げる強さが強くなります。そのため、飛行機は早いスピードで離陸し、飛び続けるのです。
　レーシングカーの後ろにも、羽がついています。これは、飛行機のつばさとは逆に、かまぼこをひっくり返した形をしています。これは、飛行機とは逆にレーシングカーを地面に押しつけて、タイヤで地面をしっかり捉えるようにしているのです。
　ところが、意外なことに飛行機が飛ぶしくみは完全にはわかっていません。わかっていないのに、世界中の空をたくさんの飛行機が飛んでいるのです。

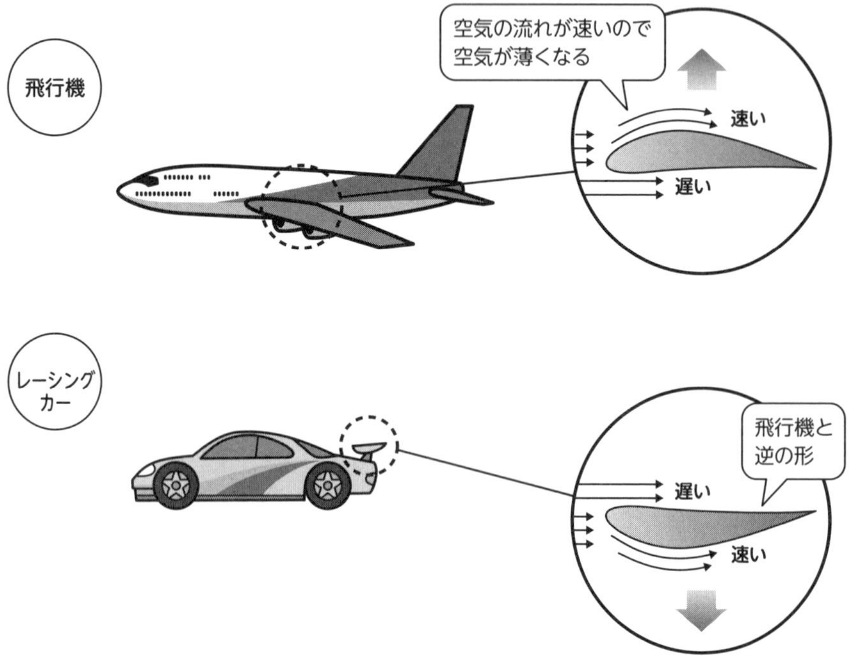

紙飛行機はどうして飛ぶの？

羽が風を受けると凧のように浮かび上がります。

紙飛行機のつばさはかまぼこ型ではありません。それでは、紙飛行機はどうして飛ぶことができるのでしょうか。

紙で作った紙飛行機は軽いので、空気に乗ることができやすいというのが理由の１つです。

しかし、それだけではありません。上向きに飛ばすと紙飛行機の翼の下側が風を受けます。そして、上方向へ浮かび上がるのです。

お正月にあげる凧を考えてみましょう。凧も横から風を受けて、上方向へ上がっていくのです。

紙飛行機を上手に飛ばすコツ

紙飛行機は、上向きに力が働きます。そのため、紙飛行機を飛ばすと、くるりと上向きに宙返りしてしまうことが、ときどきあります。

そのため、紙を何度か折り曲げて、紙飛行機の先端を重たくすると、上向きの力とのバランスが取れて、まっすぐに飛んでいきます。

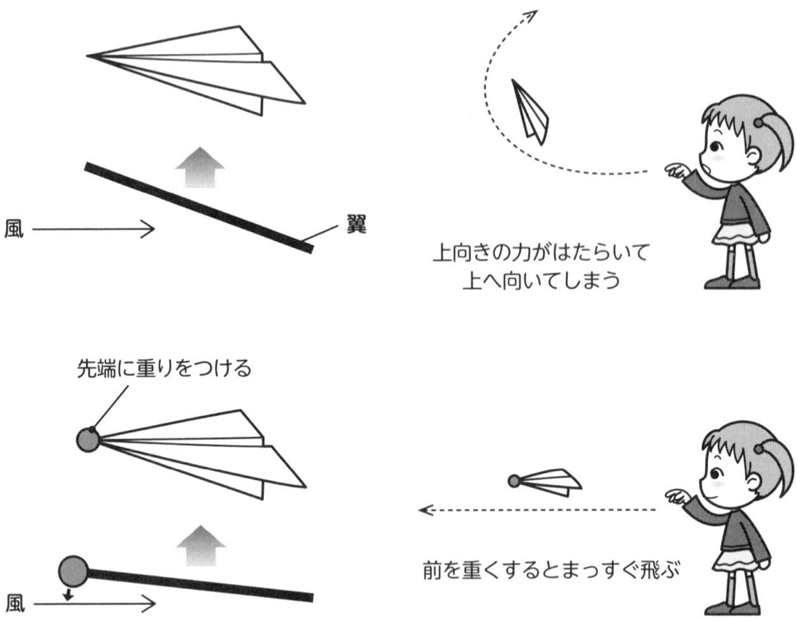
風
翼
上向きの力がはたらいて
上へ向いてしまう
先端に重りをつける
風
前を重くするとまっすぐ飛ぶ

糸電話はどうして聞こえるの？

糸にふるえが伝わると音も伝わります。

携帯電話が広まった現代でも糸電話は、子どもたちに人気の、ふしぎなおもちゃです。

いや、しくみの複雑な携帯電話の発達した現代だからこそ、紙コップと糸だけというシンプルな構造で、声が伝わる糸電話がふしぎに感じられるのかもしれません。

●音は「震え」によって起こる

テレビやステレオのスピーカーに手を当てると、音が出るたびにスピーカーが揺れます。音というのは、何かが振動して、その振動が波のように伝わっていくのです。

私たちの声はどうでしょうか。胸に手を当てて声を出すと、体が震えているのがわかります。人間の声はのどの奥の声帯が振るえて声を出すのです。

●糸電話は糸が震えを伝える

糸電話は、紙コップの振動が、糸に伝わって、音を伝えます。糸をピンと張らないと、振るえが伝わらないので音が伝わりません。また、指で糸を押さえてみても、糸が振動しないので、やっぱり声は伝わりません。

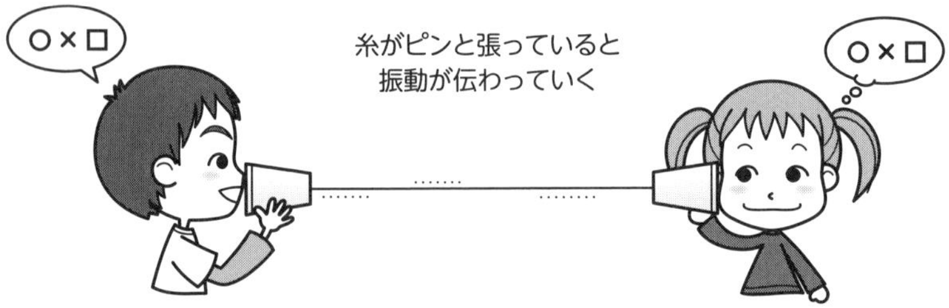
○×□
糸がピンと張っていると
振動が伝わっていく
○×□

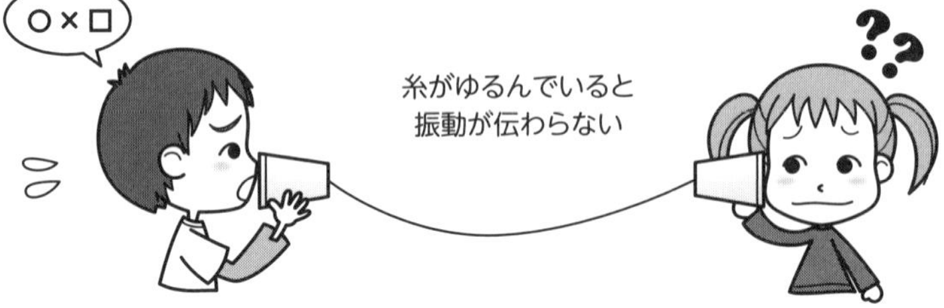
○×□
糸がゆるんでいると
振動が伝わらない
??

扇風機の間で声を出すと…

音は、空気を揺らしながら伝わっていきます。

そのため、空気の波が乱れると、音が変わります。

扇風機の前で、声を出すと、「あ〜〜〜」と声が震えます。扇風機の風に押されて、空気が乱れます。そして、声色が変わってしまうのです。

コマはどうして倒れないの？

回っているものは、一定に保とうとします。

ものには、もともとの状態を保とうとする力が働きます。

止まっているものは、止まり続けようとします。動いているものは、動き続けようとします。しかし、地球には空気や重力など、さまざまな力があるので、動いているものも、やがて止まってしまうのです。

同じように回転しているものは、回転している軸を一定に保とうとする力があります。そのため、コマも回っているときは、立っている状態を保とうとするのです。

どうしてコマは倒れてしまうの？

コマはいつまでも回転し続けようとします。しかし、コマの回転はだんだん遅くなって、ついには、立っている状態が保てなくなって倒れてしまいます。

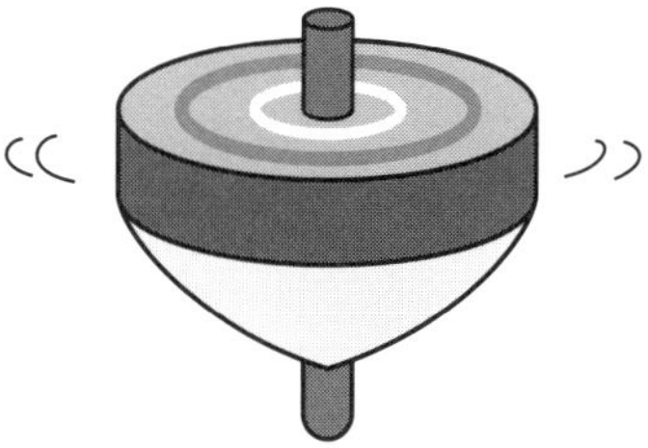

コマは軸が地面の上をこすりながら回っていきます。62ページで紹介した自転車のブレーキと同じように、こすれることによって摩擦が生まれてしまうのです。

鉄砲の弾も回転しながら、進んでいきます。回転することで、進む方向が安定して、狙ったとおりに弾が当たりやすくなるのです。

バトミントンの羽根も、回転しながら進むと、進む方向が安定してまっすぐに飛びます。

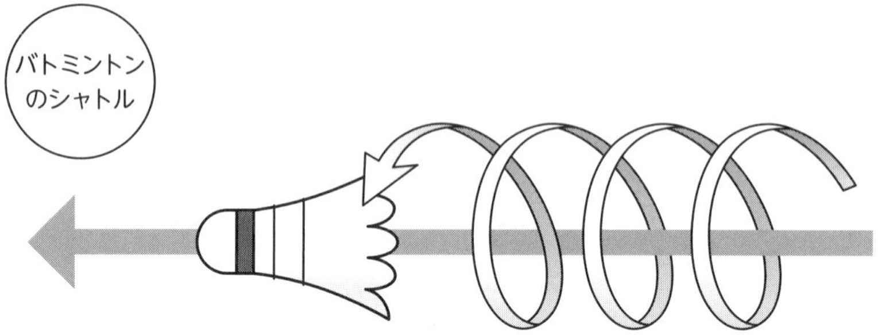

磁石はどうしてくっつくの？

じつは、はっきりした理由はよくわかっていません。

磁石はさまざまなおもちゃに使われています。磁石を使うことで　自由にお絵かきできるボードもありますし、磁石で魚を釣るゲームなどもあります。

磁石は本当に不思議です。磁石がどうしてくっつくかは、今でも解明されていない問題を含んでいます。身近なところに、そんな壮大な不思議が隠れているのです。

磁石でくっつくもの、つかないもの。

磁石はくっつくものと、くっつかないものがあります。磁石は鉄にくっつきます。どんなものがくっつくでしょうか。十円玉や百円玉、クリップ、アルミホイルなどなど、どんなものが鉄でできているのか色々と試してみましょう。

ただし、時計は磁石が苦手なので、磁石をくっつけないように注意が必要です。

磁石は鉄でできている

磁石は鉄からできています。鉄の中には磁石の特徴を持った小さな粒がたくさんあります。ところが、ふだんは、この粒はさまざまな方向を向いているので、力が打ち消し合ってしまっています。ところが、この粒が同じ方向を向くと、力が合わさって磁石としての力を発揮するのです。こうして作られたのが磁石です。

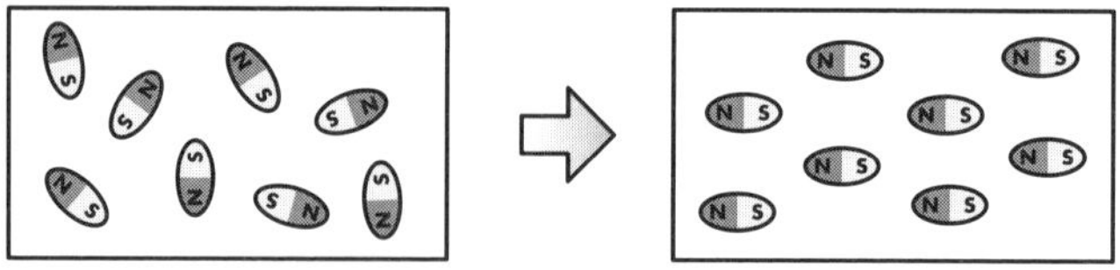

磁石にくっついた鉄も磁石になる

磁石にクリップをくっつけると、さらに、このクリップにもクリップがくっつきます。磁石にくっついたクリップも、磁石の力を発揮するのです。磁石の力によって、クリップの中の小さな粒も、同じ方向を向くようになるのです。

どうしてNとNは反発しあうの

磁石にはN極とＳ極があります。磁石では見えない磁力線という線がN極からＳ極へ出ています。N極とＳ極は磁力線の流れがスムーズなのでくっつきます。ところが、N極とN極やＳ極とＳ極とでは磁力線の流れがお互いに邪魔をしあいます。そのため反発し合ってしまうのです。

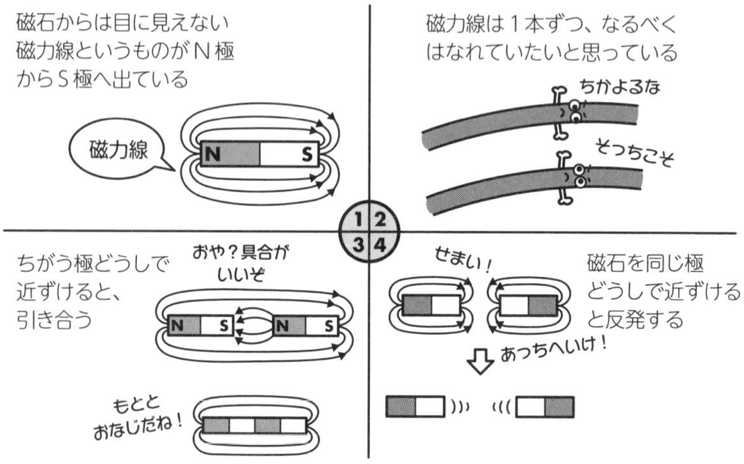
磁石からは目に見えない
磁力線というものがＮ極
からＳ極へ出ている
磁力線
N
S
磁力線は１本ずつ、なるべく
はなれていたいと思っている
ちかよるな
そっちこそ
1 2
3 4
ちがう極どうしで
近ずけると、
引き合う
おや？具合が
いいぞ
N
S
N
S
もとと
おなじだね！
せまい！
磁石を同じ極
どうしで近ずける
と反発する
あっちへいけ！

地球は大きな磁石

方角を表す方位磁針は磁石でできています。方位磁針は必ずN極が北を指します。

じつは、地球は大きな磁石になっています。地球は南極がN極で、北極がS極になっています。そのため、磁石のN極は、北極と引きあって北を向くのです。

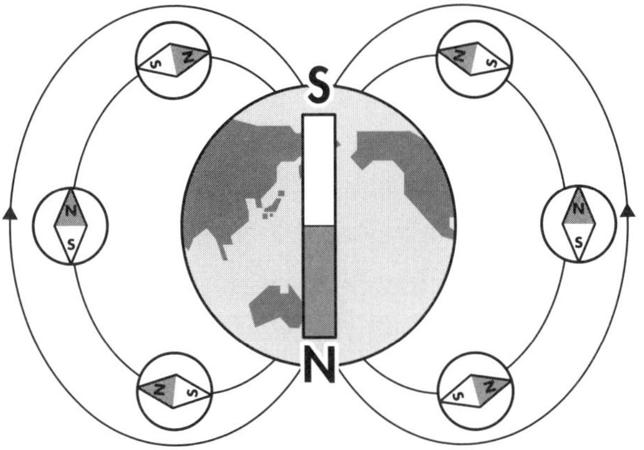

リニアモーターカー

私が子どもの頃は、大人になった頃にはリニアモーターカーが走り、自動車が透明なチューブの中を飛んでいる未来都市になるのだと信じて疑いませんでしたが、残念ながら 21 世紀になっても、そんな未来都市にはなりませんでした。しかし、リニアモーターカーは現実のものになりつつあります。2027 年に東京と名古屋間の開通に向けた計画が進められているのです。その最高速度は何と 500km 以上。現在の新幹線のぞみ号が 270km であるのと比べると、大幅なスピードアップです。

このリニアモーターカーが磁石で動いているというのは、何だか不思議な気がします。リニアモーターカーは車両と線路のそれぞれに磁石がついています。磁石のN極とN極、S 極とS 極どうしは反発します。リニアモーターカーはこの磁石の反発する力で宙に浮きます。しかし、これだけでは前に進むことができません。線路には電磁石という、電気を流すことによって磁力が発生する磁石がつけられており、N極とS 極が交互に並んでいます。また、リニアモーターカーの車両にもN極とS 極が交互に並んでいます。リニアモーターカーのN極の磁石の、前方の磁石がS 極だと、N極とS 極が引き合ってリニアモーターカーを前に引き寄せます。また、後方の磁石がN極だとN極とN極が反発し合って、リニアモーターカーを前に押し出します。こうしてリニアモーターカーは前に進むことができるのです。電気の流し方によって、N極とS 極を自由に変えることができ、こうして磁力を変化させることによって、リニアモーターカーを前へ前へと動かしていくのです。

2005 年に開催された愛知万博で登場し、現在も運転しているリニモは、すでに、このしくみで走っています。車輪があるので普通の電車のように見えますが、東京の地下鉄大江戸線もじつは、この磁石の力で前へ進んでいます。また、横浜や大阪、神戸、福岡の地下鉄の一部にもリニアモーターが使われています。これらの地下鉄では、レールとレールの間に、車両を前に進めるための金属の電磁石を見ることができます。

重たい車両を動かす磁石の力には本当に驚かされます。

第7章

山で科学する

山の上はどうして涼しいの？

太陽の光は、まず地面を温めます。

山の上に行くと温度は下がる

暑い夏でも高い山へ登ると涼しく感じられます。また、富士山は春になっても山の上に雪が降ります。山の上は、ふもとよりも気温が低いのです。

山の上は太陽に近いはずなのに、どうして気温が低くなるのでしょうか。

太陽の光は空気の中を通り抜けて、地上に降り注ぎます。そのため、空気を温めることはありません。そして、地上に降り注いだ太陽の光は地面を温めるのです。この温められた地面の熱で空気が温められていきます。そのため、地面に近いところの方が暖かく、地面から離れるほど、涼しくなるのです。

また、高い山の上は空気が薄くなります。そのため、温かな空気は薄まって、熱が分散して、温度が下がってしまうのです。こうして、山の上はますます温度が下がります。

気温は100m高いところでは、0.6℃低くなります。1000m高い場所では、6℃も低くなります。山や高原に出掛けるときには、夏でも長袖が必要です。

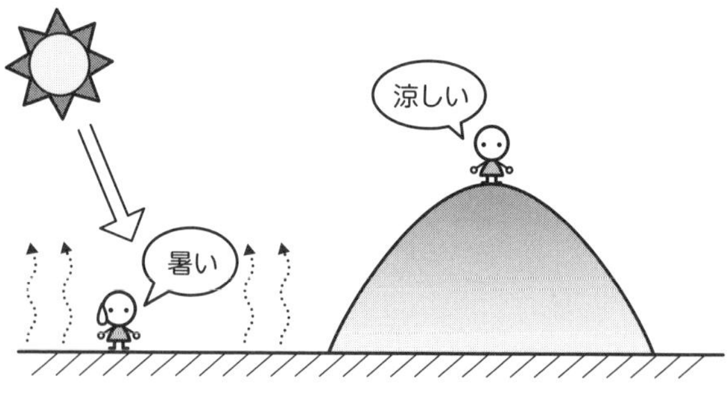

どうして山の上では お菓子の袋がふくらむの？

山の上は空気が少ないためです。

キャンプ場などへお菓子を持っていくと、お菓子の袋がパンパンにふくれてしまいます。どうして、お菓子の袋はふくらんでしまうのでしょうか？

空気には重さがある

私たちのまわりには空気があります。空気の中で当たり前に生きている私たちには感じられませんが、空気には重さがあります。空気を入れていない風船と、空気を入れた風船を比べると、空気を入れた風船の方が重たくなります。空気の重さは1リットルで約 1.5kg です。

手のひらを出してみると、手のひらの上には、ずっと空高くまで、空気があります。手のひらの上には、たくさんの空気の重さが全部乗っていることになります。その重さは、わずか 10cm 四方で 100kg にもなります。この空気の重さで押している力を気圧と言います。地上にいるときの空気の重さが 1 気圧です。

しかし、私たちは空気の重さを感じることはありません。私たちの体の中にも、同じ気圧の空気が満ちていて押し返しているので、つぶれることもありません。

空気がたくさん
乗っかっている
=
気圧が大きい
空気があまり
乗っかっていない
=
気圧が小さい
山の上
地上

山の上は空気が少ない

山の上に行くとどうでしょうか。山の上に行くと、空に近いので、乗っている空気の量が少なくなります。そのため気圧が小さくなるのです。ところが、地上の工場で作られたお菓子の袋には、地上にいたときと同じ気圧の空気が入っています。そのため、中に入っている空気の圧力の方が大きくなって、袋がふくらむのです。

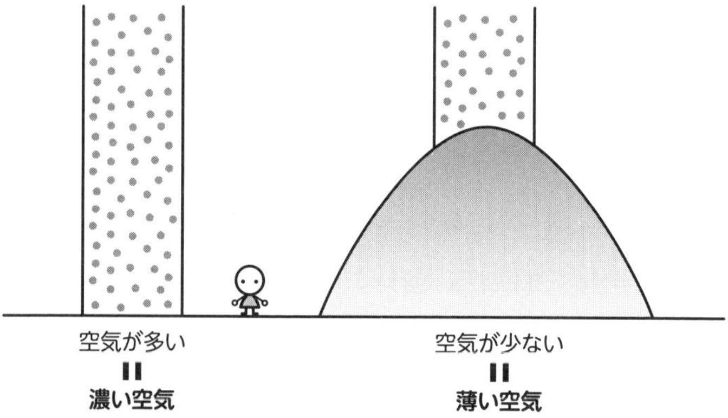
空気が多い
=
濃い空気
空気が少ない
=
薄い空気

水のプリンも空気の重さが関係している

26 ページの「洗面器で水を持ち上げても水がこぼれないのはなぜ？」を思い出してみてください。水の中でペットボトルをひっくり返して、持ちあげると、水面に上がってもペットボトルの中に水が入っています。

しかし、空気がなくなっただけで、水が上がっていくのは何だか不思議です。何か不思議な力が働いているような気がします。

じつは、これも空気の重さが関係しています。

水の入った洗面器やペットボトルをひっくり返して持ち上げると、そのまわりには空気の重さがあるので、水が下がらないのです。

それでは、もっと細長い容器を使ったらどうでしょうか。水はどこまでも上がるのでしょうか。長い容器を使うと、驚くことに水は 10m くらいの高さまで上がります。しかし、それ以上には上がりません。この水 10m の高さと、空気の重さとがちょうど、同じ重さなのです。

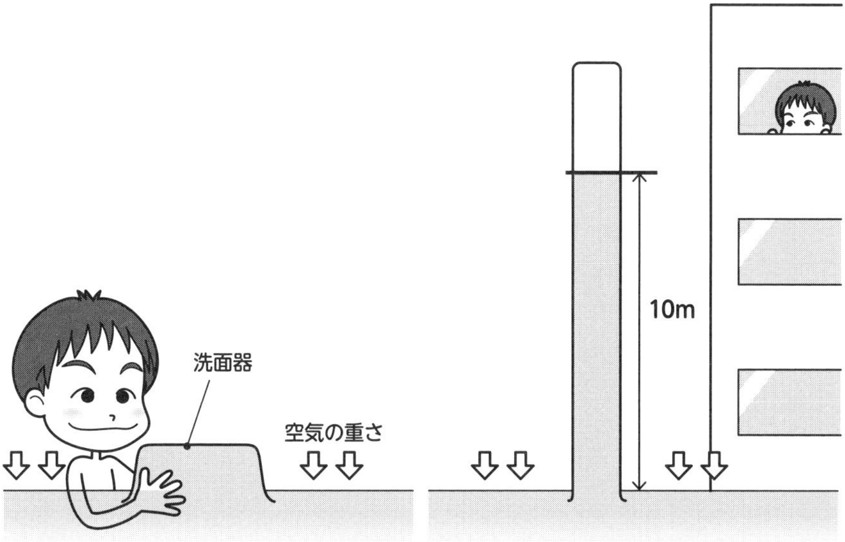

こだまはどうして返ってくるの？

音が山に跳ね返って返ってくるのです。

私は子どもと近所の山に上ると「ヤッホー探検隊」を実施していました。

見晴らしの良いところを見つけると「ヤッホー」と大きな声を出して、こだまが返ってくる場所を探すのです。下界に向かって大きな声を出すことは、私にとっても良いストレス解消でした。

しばらくすると、山の上からヤッホーと言う子どもたちの声が聞こえてくるようになりました。私の住む町では「ヤッホー探検隊」が、ちょっとしたブームになったようです。

声が返ってくる「こだま」は、とっても不思議な現象です。

昔の人にとっても、こだまは不思議な現象でした。

こだまは漢字で「木霊」と書きます。昔は山の霊が応えると考えられていました。こだまは、やまびこ（山彦）とも言います。やまびこも山の霊のことです。

音にはスピードがある

99ページの「糸電話はどうして聞こえるの？」で紹介したように、音は何かが振動することによって伝わります。ふつうは空気が振動して音の波を伝えます。そのため、空気が音を伝えるのには時間が掛かります。音のスピードは、時速1225km。これは新幹線の約4倍もの早さです。この早さをマッハ1と言います。ちなみにウルトラマンが飛ぶスピードはマッハ5です。

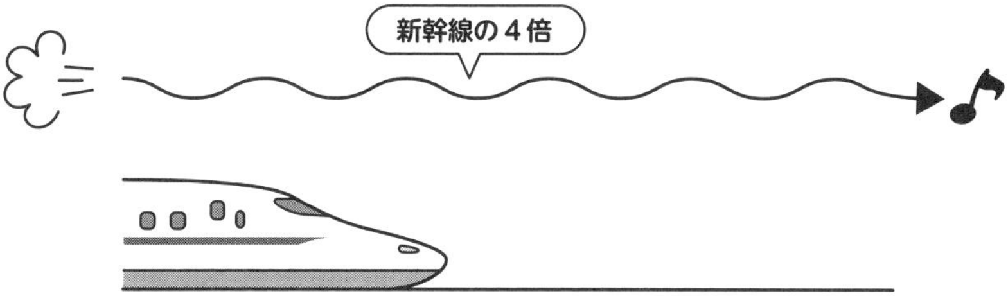

花火はどうして遅れて聞こえるの？

光は１秒間に地球を７周半も進むスピードです。

音のスピードは早いですが、光に比べるとずっと遅いスピードです。音は340m 進むのに１秒くらい掛かります。そのため、花火の音が聞こえるまでには何秒かかかるのです。

花火を見ると、花火が開いた後に音が聞こえるのは、そのためです。

私の子どもは「ドーン」という花火の音が苦手だったので、花火が見えると、すぐに耳をふさいでいました。

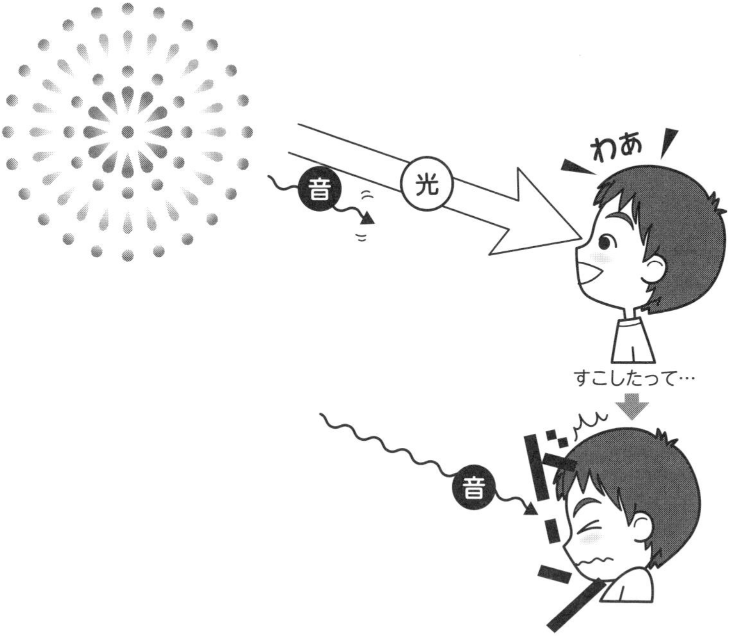

こだまはどうして聞こえるの？

「ヤッホー」という声は、空気を伝わっていきます。そして、空気の波は山に跳ね返って、また返ってくるのです。

すっごく！速い

音速➡「こだま」

音のように早いことから、新幹線の
「こだま」や「やまびこ」という名前がつけられた。

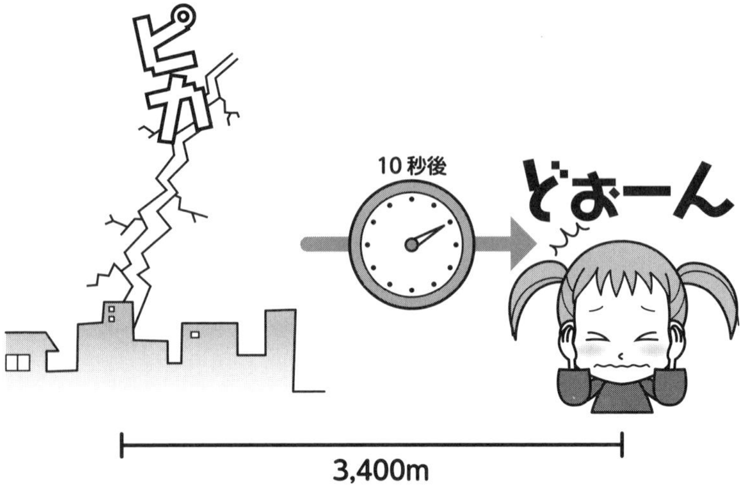
ピカ
10秒後
どおーん
3,400m

雷も音が何秒後に聞こえるかで、距離がわかる。
稲光が光った跡、10秒後にゴロゴロと音が聞こえれば340m×10秒＝3,400m。
3,400m離れていることがわかります。

第8章

キッチンで科学する

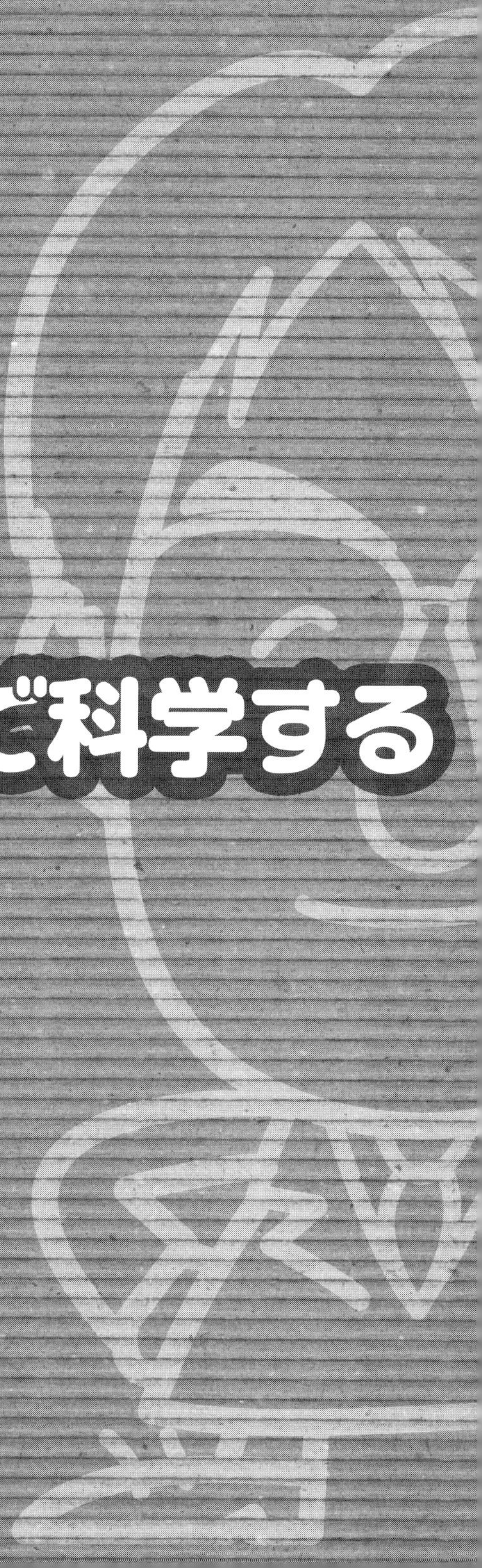

お米はどうして白いの？

昔の人が白いお米を選び出しました。

お米の正体は？

私たちが食べるお米の正体は何でしょうか？

お米は田んぼで作るイネからとれます。じつは、お米はイネの種なのです。

１粒の種から育ったイネからは、1000 ～ 1500 粒のお米がとれます。イネ２株でだいたいお茶碗いっぱいのごはんになります。

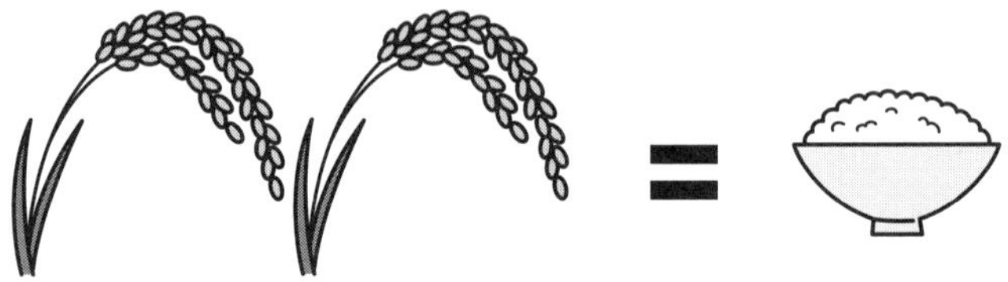

お米の栄養は、芽が出るエネルギー

玄米って知っていますか？

イネからとれた種の、皮をむいたものが玄米です。玄米は褐色をしています。

玄米の胚芽と呼ばれる部分が、イネの芽になる部分です。それ以外の部分は、発芽のための栄養分をたくわえている部分です。この栄養が、でんぷんです。

この玄米から胚芽を取り除き、まわりの部分を削り取ると、白いお米になります。つまり白いお米は、玄米から、芽生えのための栄養分の部分だけを取り出したものなのです。

　私たちがご飯を食べると、この芽生えのための栄養分が、私たちが生きるエネルギーとなるのです。

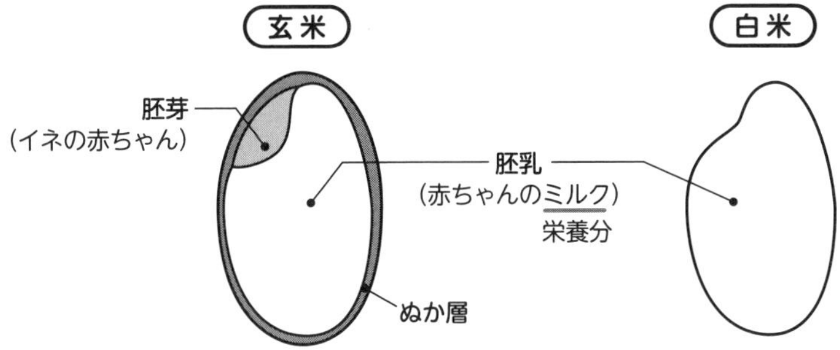
玄米
白米
胚芽
（イネの赤ちゃん）
胚乳
（赤ちゃんのミルク）
栄養分
ぬか層

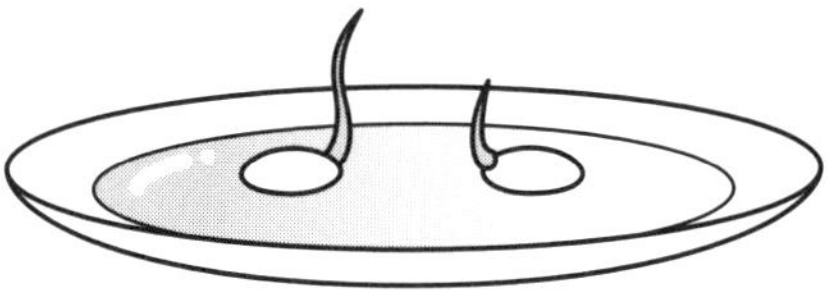

胚芽の残っている玄米は芽が出ます。

白くないお米もある

　お米の中には、赤米や紫色のように、白くないものあります。これらのお米は古代米と呼ばれることもあります。

　昔のお米は、白くなかったと考えられています。

　白いキツネや、白いヘビが神の使いと言われるように、昔から白は神聖な色とされてきました。そのため、色のついたお米の中からたまたま現れた白い米を、昔の人は大切に増やしていって、今のような白いお米になったのではないかと考えられています。

タマネギを切ると涙が出るのはなぜ？

タマネギの中の辛い成分が飛び散るためです。

涙が出るのはなぜ？

タマネギを切ると悲しくもないのに涙が出ます。どうしてでしょうか。

タマネギの中には辛味の元が入っています。タマネギを切るとこの辛味の元が飛び散って、目に入るのです。

タマネギの身を守る術

どうして、タマネギは辛味の元を持っているのでしょうか。

タマネギは植物の球根の部分です。芽を出すために、たくさんの栄養分をためています。その栄養分が虫に食べられたり、病気のばい菌が来ないように、辛味成分で守っているのです。

タマネギは甘い成分も持っていますが、辛味が強いので、甘味が感じられません。ところが、タマネギを加熱調理すると、辛味がなくなって、甘い味がします。

タマネギの甘みは、芽を出すためのエネルギーです。タマネギを食べると、このエネルギーは私たちの生きるエネルギーとなるのです。

そして、タマネギの辛味は、タマネギを病気から守るための物質です。この物質は私たちの体の中でも、病気に対して負けない体を作るはたらきがあります。

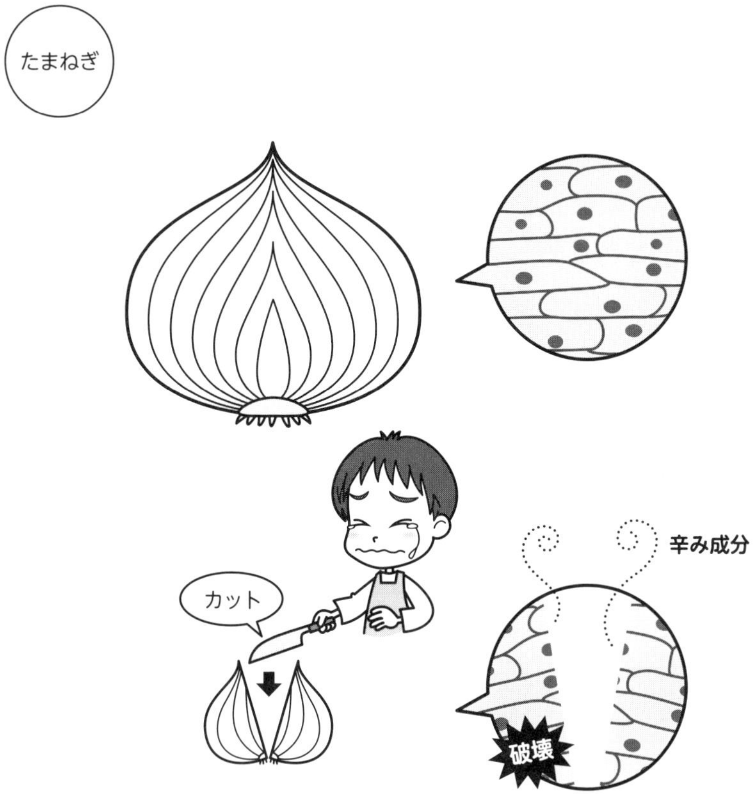
たまねぎ
カット
辛み成分
破壊

ろうそくはどうして燃える？

ろうが少しずつ溶けてガスになって燃えます。

「ハッピーバースデートゥーユー」誕生会は楽しいものです。1年に1回しかない誕生会は、子どもたちにとっては、とても待ち遠しい日です。

バースデーケーキには年の数だけ、ろうそくを立てて火を灯します。電気を消して、ろうそくをつける。何だか、とてもワクワクしてしまいます。

バースデーケーキにろうそくを灯すのは、ギリシャ神話の月と女神アルテミスの誕生日に月の形をしたケーキに月の光の代わりにろうそくを灯したことに由来しているそうです。

でも、良く見ると火って不思議です。昔の人は、火をとても神秘的なものだと考えていました。どうして火は燃えるのでしょうか。

ろうそくがゆっくり燃える理由

ろうそくは、固いロウでできています。ところが、ろうそくの火は、真ん中の芯についています。どうやって、ろうそくのロウは燃えていくのでしょうか。どうしてろうそくの芯は、すぐに燃えてしまわずに、長い時間、燃え続けるのでしょうか。

ろうそくは、いったいどのように燃えているのか、見てみましょう。

ろうそくの芯に火をつけると、火の熱さによって芯のまわりのろうそくが溶けます。そして溶けたロウが芯にしみ込んで上がっていきます。この溶けたロウは、火の熱さで蒸発して気体になります。じつは、ろうそくはこの気体が燃えているのです。

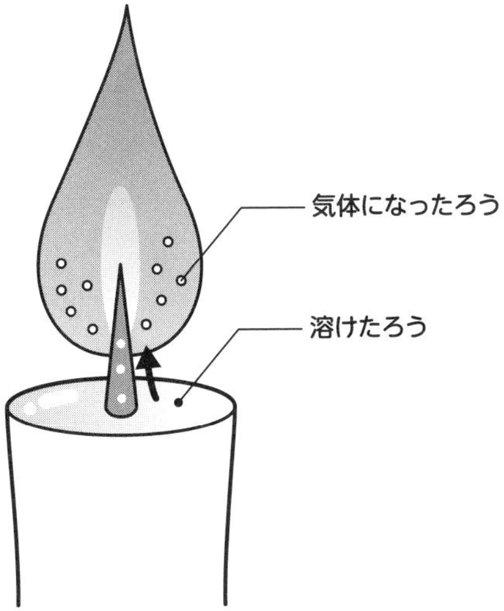

ろうそくを吹くと消える理由

ろうそくに息を吹きかけると、火が消えます。

ところが、たき火のときには、竹の筒で息を吹きかけると火が大きく燃えだします。

どうして、息を吹きかけると火が消えたり、逆に強くなったりするのでしょうか。

火が燃えるためには、燃えるものに加えて、酸素が必要です。吐く息は二酸化炭素が多いですが、酸素も含まれています。息を吹きかけると、息の中の酸素が加わって火が燃え上がるのです。

しかし、ろうそくの火は小さな火です。息を吹きかけると、蒸発して燃えていたロウが吹き飛ばされて燃えるものがなくなってしまいます。そのため、火が消えるのです。

暮らしの中の炎

動物は火を恐れますが、人類ははるか昔から火を利用してきました。火を使うことは、人類の大きな特徴です。

ところが、最近、子どもたちが火に触れる機会が少なくなりました。

マッチやライターで火をつけることはめったにありません。台所もIH調理器や電子レンジの普及で、火を使わずに電気だけで調理することが多いようです。大人たちでさえも炎を見る機会は少ないかもしれません。

しかし、私たちは火を使わなくなってしまったわけではありません。電気も火力発電では火の力で電気を起こします。自動車もエンジンの中では燃料が燃えています。そして、私たちが出す大量のゴミは、どこかで燃やされているのです。ただ、それが私たちの暮らしの中で見えないだけなのです。

昔は暮らしの中で、火が身近にありました。

かまどでは薪を燃やしてご飯を炊きました。薪でお風呂も沸かしました。落ち葉を集めてたき火をし、焼き芋を作りました。田んぼではわらを集めて野焼きをしました。

現代では、火を燃やすことは二酸化炭素を放出して、良くないことのように思われていますが、そんなことはありません。昔、燃やしていたものは薪や落ち葉やわらなどの植物です。植物は空気中の二酸化炭素を吸収します。それを燃やすと、植物の中の二酸化炭素が空気中に戻ります。それをまた、植物が吸収します。このように、昔は火を燃やして暮らしていく中で二酸化炭素も循環をしていたのです。

ところが、今、私たちのまわりはプラスチックなどの石油製品であふれています。このような石油製品を燃やすと、今まで空気中になかった二酸化炭素が放出されてしまうのです。また、さまざまな化学物質で加工されたものを燃やすと、有害物質が出る可能性もあります。現代の炎は、残念ながら循環を失ってしまっているのです。

第9章

自分を科学する

どうして風邪をひくと熱が出るの？

体が風邪のばい菌と戦っているのです。

風と戦う防衛軍

風邪をひくと、鼻水が出たり、せきが出たりします。鼻水やせきは、風邪のウイルスが悪さをしていると思うかもしれません。

ところが、これらの症状は、私たちの体が風邪のウイルスを撃退するために、自ら引き起こしている防除反応なのです。

我らが「体の防衛軍」の活躍ぶりを見てみることにしましょう。

鼻水は鼻の粘膜についたウイルスを洗い流すための防衛システムです。

また、せきは、気管に入ったウイルスを外へ吹き飛ばすためのものです。せきに絡む痰には、ウイルスを絡めてまとめる役割があります。

口をあけると喉の奥の扁桃腺が赤く腫れあがっています。扁桃腺は外から侵入する病原菌やウイルスなどの外敵を攻撃するリンパ球がたくさん待機している場所です。リンパ球が活躍して激しく戦いを繰り広げることによってのどが赤く腫れあがるのです。

どうして熱が出るの？

風邪を引くと熱が出るのも、私たちの体が自ら起こしている反応です。熱が高くなると、風邪のウイルスは熱くて弱まります。逆に、私たちの体の中にいる防衛軍は、熱いところの方が、活動が活発になります。そのため、風邪のウイルスとの戦いを有利に進めるために、体は温度を上げるのです。

せっかく体が戦いやすくしているのに、遊んだりしていると、体が疲れて戦う力が弱くなってしまいます。逆に風邪のウイルスは疲れた体に襲いかかってきます。

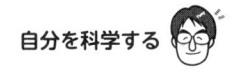

ですから、風邪で熱が出たときには、ゆっくりと休んで、栄養のあるものを食べて、防衛軍と風邪のウイルスとの戦いを応援しなければならないのです。

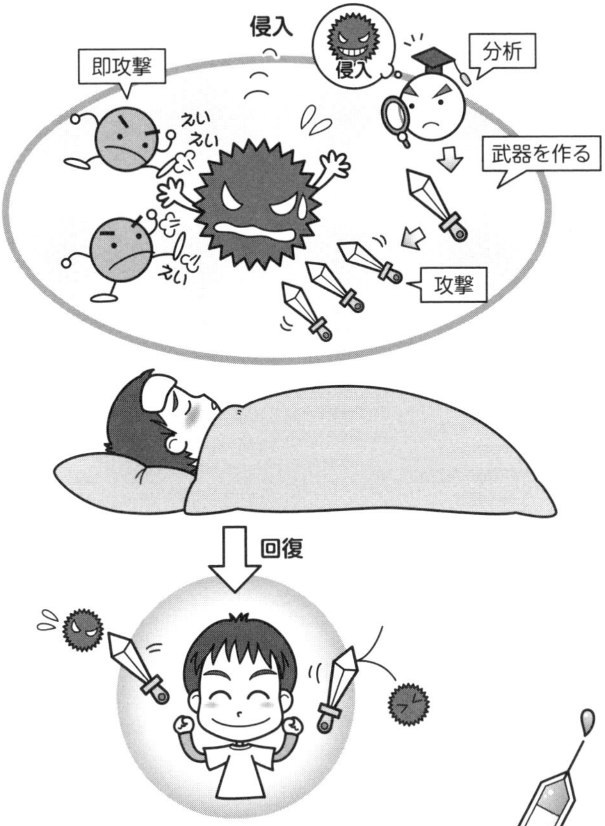

作った武器があるので
一度風邪を引くと、引きにくい

予防注射は事前に情報を
与えて武器を用意させる

どうして人間だけ賢いの？

人間は知恵を使うことで、生き延びてきたのです。

●チンパンジーが進化すると人間になるの？

人は猿から進化したと言われています。

しかし、チンパンジーがどんなに進化をしても人間になることはありません。

人間が進化してきたように、チンパンジーも進化を遂げています。

昔の生き物から、それぞれが進化して、人間とチンパンジーになったのです。

●すべての生物が進化している

人だけが優れているわけではありません。シマウマは早く走ることによって生きる残る方法を選びました。そして人間は知恵を使って生きるという方法を選んだのです。

人間は敵と戦う爪や牙もありませんでしたし、早く走ることもできませんでした。そこで、知恵を発達させて、道具や火を使って生きる道を選んだのです。

だからと言って、チンパンジーが遅れているわけではありません。チンパンジーは人間がまねできないくらいの能力を持っています。木から木へとジャンプして飛び移ったり、足で枝をつかんだりします。チンパンジーは、森で生き抜くために、森の中を素早く動き回るという能力を発達させたのです。

こうして、昔のサルが進化して、人間とチンパンジーになりました。これは、昔の車が進化して、早く走るスポーツカーや、荷物をたくさん運ぶトラックになったのと同じようなことです。スポーツカーとトラックは、それぞれが違った能力を持っているので、どちらが優れているということはないのです。

祖 先
チンパンジー
人 間
森の行き方に進化
知恵を進化

どうして男と女がいるの？

男と女がいる方が、色々な人がいて楽しいからです。

小さい子どもで、男と女を意識します。やんちゃな男の子は、女の子をいじめてみたり、おませな女の子は好きな子ができたりします。

どうしておちんちんのついている友だちと、ついていない友だちがいるのだろう。とても不思議です。

もしも男の子しかいなかったら。女の子しかいなかったら。

男の子だけしかいない世の中を想像してみてください。女の子しかいない世の中を想像してみてください。どちらか片方しかいないよりも、男の人と女の人が両方いる方が、何だか色々なことができると思いませんか。

男の子はやがて、お父さんになります。女の子は、やがてお母さんになります。もし、お母さんだけから、子どもが生まれると、子どもはお母さんそっくりになります。お父さんとお母さんの子どもは、お父さんに似たり、お母さんに似たり、お父さんとお母さんの中間だったり、特徴はさまざまです。兄弟姉妹でも、特徴の違う兄弟姉妹が生まれます。男の人と女の人がいると、こうして色々な子どもができるのです。この色々あることを「多様性」と言います。

色々な子どもがいることが、すばらしい

色々な子どもがいれば、足が早い子がいたり、計算が得意な子がいたり、

じょうずに絵を描くのがいたり、得意なことも色々です。こうして、色々な子がいれば、力を合わせればどんなことでもできます。動物であれば、寒さに強かったり、逃げるのが早かったり、病気に強かったりと、特徴がさまざまなものが集まったグループの方が、生き残る確率が高くなります。

　そのため、この「多様性」を作るために、生きものはオスとメスがいます。そして、人間には男と女がいるのです。

どうして親と子どもは似ているの？

体の設計図をお父さんやお母さんからもらうのです。

お父さん似かな？　お母さん似かな？

子どもの顔を見ていると、目や鼻や口などの小さなパーツの一つ一つが、お父さんに似ていたり、お母さんに似ていたり、子どもというのは本当に不思議です。お父さん似だったのが、成長するにつれてお母さん似になることもあります。

どうして、子どもはお父さんやお母さんに似るのでしょうか。

カエルの子はカエル

カエルの子どもはオタマジャクシです。しかし、オタマジャクシは大人になると、ちゃんとカエルになります。それは、体の中にカエルになるための設計図のようなものが入っているからです。この設計図はDNAと言います。

この設計図があるので、カエルの子どもはカエルになります。すべての生きものは、こうして設計図を持っているのです。

受け継いだ設計図

子どもの設計図は、お父さんとお母さんから、半分ずつもらいます。

そのため、お父さんにそっくりな部分もありますし、お母さんにそっくりな部分もあります。お父さんとお母さんの半々ぐらいの部分もあります。

お父さんは、そのまたお父さんやお母さん、つまりおじいさんやおばあさんから設計図をもらいました。そのため、子どもにも、おじいさんやおばあさんに似ている部分があるときがあります。

お父さんやお母さんからもらった宝物

そっくりなのは、目や口などの顔だけではありません。

走るのが速かったり、絵を描くのが上手だったり、得意なことや好きなことは、お父さんやお母さんから引き継いだものかもしれません。

どんな子どもも、必ずそんな宝物を持っています。子どもたちはどんな宝物を持っているでしょうか。そんな宝物を見つけてあげることも、親の務めです。

しかし、お父さんやお母さんからもらったものは、宝物を作る設計図に過ぎません。持っているだけで、使わないのでは、宝の持ち腐れです。得意なことや好きなことは、ぜひ、磨きをかけてあげたいものです。

どうして人は死ぬの？

すべての生き物は、命を順番につないでいくのです。

私は小さい頃、「死んだ人は、みんなどこへ行くのだろう。天国は雲の上にあるのだろうか」と、とても心配で眠らないときがありました。しかし、大きくなると「死ぬ」ことを、あまり考えなくなりました。生きていくのに忙しくて、自分が死ぬなんて考えているひまがないのです。しかし、人は誰でも最後には死にます。

すべての生きものは死ぬ

どうして人は死んでしまうのでしょうか。本当に不思議です。

人だけではありません。動物も鳥も魚も虫も、すべての生きものは、最後には死んでしまいます。

マラソンを走ることを考えてみてください。一人でずっと走るのは大変です。足が痛くなって走れなくなってしまうかもしれません。心臓がバクバクとなって走れなくなってしまうかもしれません。しかし、一人が少しずつ走って、大勢でリレーをしたら、どうでしょうか。その方が、みんなの力で長い距離を走ることができるでしょう。

生きることも同じです。もし、人間が１万年生きられるとしたら、どうでしょうか。1万年の間には病気で死んでしまうかもしれません。事故にあって死んでしまうかもしれません。１万年、一人で生き抜くということは、簡単ではないのです。

そこで命もまた、リレーをすることを選びました。一人が何十年か生きて、子どもを生んでいきます。その子どもも何十年か生きて、孫を生んでいきます。こうして、命をリレーしていけば、長い間、命をつないでいくことができるのです。だから人は、子どもや孫に命をつなぎ、生きる方法を伝えたら、走る役目が終わるように、生きる役目が終わるのです。人は死んでも、その子どもが命を引き継いでいきます。こうして私たちの命は、もう 35 億年もの長い間、引き継がれてきました。

　生きるということは、命のリレーです。だから、バトンを持って走っている間は、一生懸命に走らなければならないのです。

おわりに

世の中は不思議に満ちています。そして、理科はロマンに満ちています。

学校の授業はたいくつですが、理科の授業は時にドキッとするような感動があります。

小学校のときは、教室でアオムシを飼っていました。ところが、アオムシの体の中から出てきた小さな虫がまゆを作り、出てきたのはたくさんのハチでした。アオムシを退治するハチだったのです。こんな小さな虫の世界にダイナミックな命の営みがあることを知りました。

あるときは授業で地層を見に行きました。はるか遠い昔、海の底だった地面に住んでいるということが、とても不思議でした。石けりに使っていた小さな石にも、何億年も前に海の中で生まれたことを知ったのです。

中学校のときの理科の先生は、原子の話をしてくれました。この世の中のすべての物質は、原子とそのまわりを回っている電子からできていて、原子の中にある陽子の数によって、どんな物質になるか決まるというのです。そして、その原子の大きさは、りんごが地球の大きさくらいになったと考えたときに、やっと１円玉の大きさになる程度だと先生は言いました。

何という世界。そして、そんなミクロな世界によってこの世の中が作られているというのです。思い出したのは「あるように見えてもじつはない」と説いた「色即是空」という般若心経の一説でした。

高校のときの理科の先生は、こんな話をしてくれました。

「太陽が机の上に置いた仁丹くらいの大きさだとすると、火星は机のまわりを回っている。そして太陽系は、この教室くらいの大きさになる。すると、太陽の隣にある恒星はどれくらいの距離にあるのだろうか？　それは十キロ離れた隣町くらいの場所だ。こんな恒星が集まって銀河を作っている。そして、そんな銀河が集まって宇宙を作っているんだ」

何という広さでしょう。大学受験に悩んでいる自分の悩みが、とても小さなことのように思えました。

本書で紹介したように、理科力は「？」を見つけ、「！」を探し出す力であり、それは生きる力でもあります。

　しかし、それだけではありません。もしかすると、子どもたちが理科を学ぶことは、少しだけ人生を楽しく、そして豊かにしてくれるかもしれない。そんな気がします。

　最後に、本書の出版にあたってご尽力いただいた東京堂出版の名和成人さんに厚くお礼申し上げます。

略歴

稲垣栄洋（いながき ひでひろ）

1968年静岡市生まれ。岡山大学大学院修了。農学博士。農林水産省を退職後Uターン。農業研究に携わる傍ら、身近な自然観察にいそしむ自称「みちくさ研究家」。一男一女の父。主著に『雑草の成功戦略』（NTT出版）、『身近な雑草のゆかいな生き方』『蝶々はなぜ菜の葉にとまるのか』（草思社）、『働きアリの2割はサボっている』『一晩置いたカレーはなぜおいしいのか』（家の光協会）、『仮面ライダー昆虫記』（実業之日本社）、『キャベツにだって花が咲く』（光文社）、またペンネームで『植物という不思議な生き方』『おとぎ話の生物学』（PHP研究所）、『東海道新幹線 車窓で楽しむローカルグルメローカルグルメ事典』、『赤とんぼはなぜ竿の先にとまるのか?』、『トマトはどうして赤いのか?』（東京堂出版）など多数。

企画協力＊代田橋りか

本文デザイン＆イラスト＊佐藤友美

好奇心のスイッチオン

子どもが伸びる「理科力」のススメ

2013年3月5日　初版印刷
2013年3月25日　初版発行
JASRAC　出1302186-301

著　者　稲垣栄洋
発行者　皆木和義
発行所　株式会社 東京堂出版　http://www.tokyodoshuppan.com/
〒101-0051
東京都千代田区神田神保町1-17
電話　03-3233-3741
振替　00130-7-270

印刷所　東京リスマチック株式会社
製本所　東京リスマチック株式会社

ISBN978-4-490-20817-7 C0040